AG, GmbH oder Einzelfirma?

Aktueller Ratgeber
für den Unternehmer
zur Wahl der richtigen Rechtsform

2., überarbeitete, aktualisierte und ergänzte Auflage

D1617659

Adolf Beeler

AG GmbH oder Einzelfirma

2. Auflage
überarbeitet
ergänzt
aktualisiert

Aktueller
Ratgeber
für den
Unternehmer
zur Wahl
der richtigen
Rechtsform

C
Cosmos Verlag

2., überarbeitete, aktualisierte und ergänzte Auflage

Alle Rechte vorbehalten
© 1998 by Cosmos Verlag AG, 3074 Muri/Bern
Umschlag: Atelier G. Noltkämper, 3014 Bern
Druck: Schlaefli & Maurer, 3800 Interlaken
Einband: Schumacher AG, 3185 Schmitten

ISBN 3-85621-139-X

Inhaltsverzeichnis

Vorwort zur 2. Auflage

Die unzähligen positiven Reaktionen auf die 1. Auflage zeigen das grosse Bedürfnis für einen leicht verständlichen Ratgeber, der dem (künftigen) Geschäftsmann zur Frage «AG, GmbH oder Einzelfirma?» rasch und übersichtlich Klarheit verschafft. Die 2. Auflage wurde an die geänderten Gesetze (z. B. Schuldbetreibungs- und Konkursgesetz, Bundesgesetz über die Stempelabgaben usw.) sowie die aktuelle Rechtsprechung angepasst und mit den neuesten Erkenntnissen aus der Beraterpraxis ergänzt. Der Leitfaden kommt – wie bei der 1. Auflage – ohne Juristendeutsch aus. Zudem ermöglichen die farbigen Kapitel und der praxisorientierte Aufbau des Ratgebers ein sofortiges Nachschlagen bei allen Fragen.

Bekanntlich steht es in der Schweiz jedermann offen, den Sprung in die Selbständigkeit zu wagen und ein eigenes Geschäft zu gründen. Zur Betreibung der eigenen Unternehmung kann der künftige Geschäftsmann zwischen verschiedenartigen Rechtsformen wählen. Dem Firmeninhaber wird kein gesetzlicher Zwang auferlegt, mit welcher dieser Rechtsformen er sein Geschäft führen soll. Beispielsweise kann der Bäcker seinen Laden in der Form einer Aktiengesellschaft (AG) betreiben, der Fabrikant seinen Industriebetrieb mit 5000 Beschäftigten jedoch als Einzelfirma.

Finden Sie nun, liebe Leserin, lieber Leser, selber heraus, welche Rechtsform in Ihrem Fall die richtige ist! Wer gut beraten ist, zieht in jedem Fall den Rat des ausgewiesenen Fachmannes bei. Der kurzfristige Vorteil soll sich nicht mittel- und langfristig als Nachteil erweisen.

Adolf Beeler

1. Kurzübersicht und Vorschriften

1.1 AG

Begriff, Merkmal

Die Aktiengesellschaft ist eine juristische Person mit eigener Firma, deren Kapital (Aktienkapital) in Teilsummen (Aktien) zerlegt ist und für deren Verbindlichkeiten nur das Gesellschaftsvermögen haftet. Die Gesellschafter (Aktionäre) sind entsprechend ihrer Anzahl Aktien an der Gesellschaft beteiligt. Die AG war ursprünglich eher für grössere Gesellschaften gedacht, und 1936 wurde ihr Mindestkapital auf Fr. 50 000.– festgelegt, was nach heutigem Preisstand rund Fr. 350 000.– entspricht. Die enorme Vielfältigkeit und Flexibilität der AG führte dazu, dass sich auch viele Kleinunternehmer für diese Rechtsform entschieden.

Aktienkapital

Das Aktienkapital muss mindestens Fr. 100 000.– betragen; davon sind mindestens 20%, in jedem Fall aber Fr. 50 000.– bar einzuzahlen oder mit Sacheinlagen zu decken. Bei Bargründung hat die Einzahlung des Aktienkapitals auf ein Bank-Sperrkonto zu erfolgen. Der einbezahlte Betrag bleibt während der Gründungsphase ca. 1–2 Wochen gesperrt und steht nachher zur freien Verfügung der Gesellschaft bzw. deren geschäftsführenden Organe.

Aktien

Die Aktien können auf den Inhaber und/oder auf den Namen lauten. Ihr Nominalwert muss mindestens Fr. 10.– betragen. Inhaberaktien werden durch blosse Übergabe des Titels übertragen. Der

11

Eigentümer der Inhaberaktien ist weder Dritten noch der Gesellschaft bekannt. Über die Namenaktionäre führt die Gesellschaft jedoch ein Verzeichnis, das Aktienbuch. Das Aktienbuch ist nicht öffentlich, d.h., auch die Namenaktionäre verbleiben Dritten gegenüber anonym.

Aktionäre, Gründung

Drei Aktionäre sind für die Gründung mindestens erforderlich. Sinkt in der Folge die Zahl der Aktionäre unter diese Mindestzahl (z.B. bei einer sogenannten «Einmann-AG», wo zwei der drei Gründer als «Strohmänner» auftreten), so wird dies vom Gesetzgeber so lange toleriert, als niemand dagegen klagt (wo kein Kläger ist, ist kein Richter). Wünscht der Kapitalgeber gar nicht in Erscheinung zu treten, so kann er unter gewissen Bedingungen für alle drei Gründeraktionäre treuhänderische Drittpersonen einschalten. Die Gründer bzw. Aktionäre können ausnahmslos Ausländer sein, jedoch sind die Bestimmungen des Bundesbeschlusses über den Erwerb von Grundstücken von im Ausland domizilierten Ausländern einzuhalten. Der Gründungsakt ist öffentlich zu beurkunden. Nähere Angaben zur Gründung finden sich im 3. Kapitel.

Statuten

Die Statuten der Gesellschaft haben Bestimmungen zu enthalten über die Firma (Name), den Sitz und den Zweck der Gesellschaft, das Aktienkapital und den Betrag der darauf geleisteten Einlage, die Anzahl, den Nennwert und die Art der Aktien, die Einberufung der Generalversammlung und das Stimmrecht der Aktionäre, die Organe für die Verwaltung und die Revision sowie die Form der Bekanntmachungen. Fakultativ werden in der Regel weitere Bestimmungen in die Statuten aufgenommen.

Verwaltungsrat

Der Verwaltungsrat der Gesellschaft besteht aus einem oder mehreren Mitgliedern, die Aktionäre sein müssen. Ist an der Gesellschaft eine andere juristische Person oder Handelsgesellschaft beteiligt, so ist sie als solche nicht als Mitglied des Verwaltungsrates wählbar; dagegen können an ihrer Stelle ihre Vertreter gewählt werden. Besteht der Verwaltungsrat aus einer einzigen Person, so muss diese in der Schweiz wohnhaft sein und das Schweizer Bürgerrecht besitzen. Setzt sich aber der Verwaltungsrat aus mehreren Mitgliedern zusammen, so muss die Mehrzahl in der Schweiz wohnhaft sein und das Schweizer Bürgerrecht besitzen. Die Namen der Verwaltungsräte werden vom Handelsregister öffentlich publiziert.
Die Mitglieder des Verwaltungsrates haften für den Schaden persönlich, den sie durch absichtliche oder fahrlässige Verletzung ihrer Pflichten verursachen.

Revisionsstelle

Bei der Gründung ist eine unabhängige und fachlich befähigte Revisionsstelle zu wählen, welche der Generalversammlung der Aktionäre jährlich einen schriftlichen Bericht über die von der Verwaltung geführten Geschäftsbücher (Buchhaltung) abzugeben hat. Die Revisionsstelle ist ins Handelsregister einzutragen.

Geschäftsname (Firma)

Die Firma bzw. der Geschäftsname der AG kann im Gegensatz zu einer Einzelfirma auch aus einer reinen Fantasiebezeichnung – mit oder ohne Zusatz «AG» – bestehen (z. B. «Wega» oder «Duni AG» usw.). Falls Personennamen verwendet werden, ist zwingend der Zusatz «AG» beizufügen (z. B. «Franz Meier AG»). Reine Sach-

bezeichnungen (z. B. «Beton AG») werden vom Handelsregisteramt nicht toleriert. Es wird eine Namens- oder Kürzelbeifügung
verlangt (also z. B. «Meier Beton AG» oder «ABC Beton AG»).

Handelsregistereintrag

Die AG existiert erst, wenn sie im Handelsregister eingetragen ist.
Der Handelsregisterführer prüft, ob die eingereichten Unterlagen
(Anmeldung, Gründungsurkunde, Statuten, Kapitaleinzahlungsbestätigung usw.) den gesetzlichen Vorschriften entsprechen. Einzutragen und im Schweizerischen Handelsamtsblatt (SHAB) zu publizieren sind das Datum der Statuten (Gründungsakt), die Firma
(Name), der Sitz der Gesellschaft, der Gesellschaftszweck, die
Höhe, Zusammensetzung und der Einzahlungsbetrag (Liberierung) des Aktienkapitals, allfällige Sacheinlagen und -übernah-
men, das Publikationsorgan bzw. die Form der Mitteilungen der
Gesellschaft, die Revisionsstelle, die Zusammensetzung des Verwaltungsrates sowie die Zeichnungsberechtigten. Nicht einzutragen sind jedoch die Namen der Aktionäre. Diese Anonymität der
Aktionäre kommt in der französischen Bezeichnung der AG, der
«société anonyme» (SA), zum Ausdruck.

Geschäftsbericht und Rechnungslegung

Jede Gesellschaft muss einen Geschäftsbericht, bestehend aus
Jahresrechnung und Jahresbericht, erstellen. Dabei umfasst die
Jahresrechnung eine Erfolgsrechnung, eine Bilanz sowie einen
Anhang mit ergänzenden Angaben. Für die Erfolgsrechnung und
die Bilanz stellt das Aktienrecht Mindestgliederungsvorschriften
auf.

Generalversammlung der Aktionäre

Oberstes Organ der Aktiengesellschaft ist die Generalversammlung der Aktionäre. Sie setzt die Statuten fest und kann sie ändern, sie wählt die Mitglieder des Verwaltungsrates und der Revisionsstelle, sie genehmigt den Jahresbericht und die Jahresrechnung, sie entscheidet über die Verwendung des Gewinnes und entlastet die Mitglieder des Verwaltungsrates.
Die Generalversammlung ist spätestens 20 Tage vor dem Versammlungstag in der durch die Statuten vorgeschriebenen Form durch den Verwaltungsrat einzuberufen. Die ordentliche Versammlung hat alljährlich innerhalb von sechs Monaten nach Schluss des Geschäftsjahres stattzufinden.

Unterbilanz, Überschuldung

Zeigt die letzte Jahresbilanz, dass die Hälfte des Aktienkapitals und der gesetzlichen Reserven nicht mehr gedeckt ist (Unterbilanz), so beruft der Verwaltungsrat unverzüglich eine Generalversammlung ein und beantragt ihr Sanierungsmassnahmen. Bei einer Überschuldung (d.h., die Forderungen der Gesellschaftsgläubiger sind weder zu Fortführungs- noch zu Veräusserungswerten gedeckt) hat der Verwaltungsrat oder gegebenenfalls die Revisionsstelle den Richter zu benachrichtigen.

1.2 GmbH

Begriff, Merkmal

Die Gesellschaft mit beschränkter Haftung (GmbH) ist eine Gesellschaft, in der sich zwei oder mehr Personen oder Handelsgesellschaften zu einer eigenen Firma mit einem zum voraus bestimmten Kapital (Stammkapital) vereinigen. Jeder Gesellschafter ist, ohne dass seine Beteiligung als Aktie behandelt wird, mit einer Einlage (Stammeinlage) am Stammkapital beteiligt. Er haftet über seine Stammeinlage hinaus für die Verbindlichkeiten der Gesellschaft nur in ganz bestimmten Fällen und nur bis höchstens zum Betrage des eingetragenen Stammkapitals. Im übrigen ist er zu andern als den statutarischen Leistungen nicht verpflichtet. Die GmbH wurde für kleinere Unternehmungen mit wenigen Mitarbeitern vorgesehen. Es besteht ein engeres persönliches Verhältnis unter den Beteiligten als bei der AG. Für Publikumsgesellschaften ist die GmbH als Gesellschaftsform kaum geeignet.

Stammkapital

Das Stammkapital darf nicht weniger als Fr. 20 000.– und nicht mehr als Fr. 2 000 000.– betragen; davon sind mindestens 50% bar einzuzahlen oder mit Sacheinlagen zu decken. Somit kann mit einer minimalen Einzahlung von Fr. 10 000.– (50% von Fr. 20 000.–) eine GmbH gegründet werden. Bei Bargründung hat die Einzahlung des Stammkapitals auf ein Bank-Sperrkonto zu erfolgen. Der einbezahlte Betrag bleibt während der Gründungsphase ca. 1–2 Wochen gesperrt und steht nachher zur freien Verfügung der Gesellschaft bzw. deren geschäftsführenden Organe.

16

Stammeinlagen

Der Betrag der Stammeinlagen der einzelnen Gesellschafter kann verschieden sein, muss aber auf mindestens Fr. 1000.– oder ein Vielfaches von Fr. 1000.– lauten. Jeder Gesellschafter kann nur eine Stammeinlage besitzen. Die Eigentümer der Stammeinlagen werden im Handelsregister eingetragen, d.h. öffentlich publiziert, und jeder Kauf/Verkauf einer Stammeinlage muss öffentlich beurkundet werden.

Gesellschafter, Gründung

Zur Gründung gehören mindestens zwei Gesellschafter (natürliche oder juristische Personen). Sinkt in der Folge die Zahl der Mitglieder auf eines (z.B. bei einer sogenannten «Einmann-GmbH», wo einer der zwei Gründer als «Strohmann» auftritt), so wird dies vom Gesetzgeber so lange toleriert, als niemand dagegen klagt (wo kein Kläger ist, ist kein Richter). Wünscht der Kapitalgeber gar nicht in Erscheinung zu treten, so kann er unter gewissen Bedingungen für beide Gründungsmitglieder treuhänderische Drittpersonen einschalten. Die Gründer bzw. Gesellschafter können ausnahmslos Ausländer sein, jedoch sind die Bestimmungen des Bundesbeschlusses über den Erwerb von Grundstücken von im Ausland domizilierten Ausländern einzuhalten. Der Gründungsakt ist öffentlich zu beurkunden. Nähere Angaben zur Gründung finden sich im 3. Kapitel.

Statuten

Die Statuten der Gesellschaft können sehr einfach ausgestaltet sein und haben zumindest Bestimmungen zu enthalten über die Firma (Name), den Sitz und den Zweck der Gesellschaft, das Stammkapital und den Betrag der Stammeinlagen jedes Gesellschafters sowie die Form der von der Gesellschaft ausgehenden

17

Bekanntmachungen. Fakultativ werden in der Regel weitere Bestimmungen in die Statuten aufgenommen.

Geschäftsführung

Die Geschäftsführung bei der GmbH entspricht dem Verwaltungsrat
bei der AG. Alle Gesellschafter sind zur gemeinsamen Geschäftsführung und Vertretung berechtigt und verpflichtet, sofern nicht
etwas anderes bestimmt wird. Durch die Statuten oder Gesell-
schaftsbeschluss kann die Geschäftsführung und Vertretung der Gesellschaft einem oder mehreren Gesellschaftern übertragen werden.
Die Geschäftsführung und Vertretung kann auch Personen übertragen werden, die nicht Gesellschafter sind. Im Gegensatz zum Verwaltungsrat der AG können bei der GmbH sämtliche Geschäftsführer
ausländische Staatsangehörige sein. Wenigstens ein einzelzeichnungsberechtigter Geschäftsführer muss jedoch in der Schweiz
wohnhaft sein. Die Geschäftsführer der GmbH haften persönlich –
wie der Verwaltungsrat bei der AG – für den Schaden, den sie durch
absichtliche oder fahrlässige Verletzung ihrer Pflichten verursachen.

Kontrollstelle (Revisionsstelle)

Da bei der GmbH grundsätzlich allen Gesellschaftern die Geschäftsführung zusteht, ist eine Kontrollstelle nicht gesetzlich vorgeschrieben. Die Statuten können jedoch eine Kontrollstelle vorsehen, welche die gleichen Kontrollaufgaben wahrnimmt wie bei einer AG.

Geschäftsname (Firma)

Die Firma bzw. der Geschäftsname der GmbH kann aus einem Personennamen und/oder einer Fantasiebezeichnung bestehen. In allen Fällen muss der Zusatz «GmbH» beigefügt werden.

Handelsregistereintrag

Die GmbH existiert erst, wenn sie im Handelsregister eingetragen ist. Der Handelsregisterführer prüft, ob die eingereichten Unterlagen (Anmeldung, Gründungsurkunde, Statuten, Kapitaleinzahlungsbestätigung usw.) den gesetzlichen Vorschriften entsprechen. Einzutragen und im Schweizerischen Handelsamtsblatt (SHAB) zu publizieren sind das Datum der Statuten (Gründungsakt), die Firma (Name), der Sitz, der Zweck, die Höhe des Stammkapitals und der Betrag der Stammeinlage jedes Gesellschafters, allfällige Sacheinlagen und -übernahmen, die Namen der Geschäftsführer und der Zeichnungsberechtigten sowie die Form der von der Gesellschaft ausgehenden Bekanntmachungen.

Rechnungslegung

Die für die AG geltenden Bestimmungen über die Buchführung finden grundsätzlich auch für die GmbH Anwendung. Das Informationsinstrument des Jahresberichtes der AG kennt die GmbH jedoch nicht.

Gesellschafterversammlung

Oberstes Organ der GmbH ist die Gesellschafterversammlung. Sie setzt die Statuten fest und kann sie ändern, sie wählt die Geschäftsführer und bestellt die fakultative Kontrollstelle, sie genehmigt die Gewinn- und Verlustrechnung und die Bilanz, sie entscheidet über die Verwendung des Gewinnes und entlastet die Geschäftsführer, sie nimmt die allfällige Teilung von Gesellschaftsanteilen vor, und sie fordert die allfällig in den Statuten vorgesehenen Nachschüsse ein. Die Gesellschafterversammlung ist durch die Geschäftsführung alljährlich innerhalb von sechs Monaten nach Schluss des Geschäftsjahres einzuberufen, im übrigen nach Massgabe der Statuten und sooft es die Geschäfte erfordern.

Unterbilanz, Überschuldung

Ist das Stammkapital nicht mehr zur Hälfte gedeckt (Unterbilanz) oder liegt eine Überschuldung vor, so finden die Vorschriften des Aktienrechtes entsprechende Anwendung. Besteht eine Nach-schusspflicht, so muss im Falle der Überschuldung der Richter erst benachrichtigt werden, wenn der durch die Bilanz ausgewiesene Verlust nicht innert drei Monaten durch die Gesellschafter gedeckt wird.

1.3   Einzelfirma

Begriff, Merkmal

Eine Einzelfirma liegt vor, wenn eine natürliche Person allein eine kaufmännische Tätigkeit unter einer Geschäftsfirma ausübt. Die Einzelfirma wird benutzt, wenn ein Firmeninhaber die Geschäftspolitik allein bestimmt, was ihm ermöglicht, sich schnell an veränderte Marktverhältnisse anzupassen. Im Vordergrund steht die Unternehmerpersönlichkeit. Der Einzelfirmeninhaber ist alleiniger Träger des Risikos, das sich auf sein gesamtes Vermögen erstreckt. Der Firmenaufbau und die Firmenentwicklung werden durch seine Initiative und das Mass seiner Verantwortung geprägt.

Eigenkapital

Für die Einzelfirma bestehen keine Eigenkapitalvorschriften. Das Eigenkapital ist jedoch limitiert durch die Vermögensverhältnisse des Einzelfirmeninhabers.

Gründung

Die Einzelfirma braucht keinen speziellen Gründungsakt. Sie existiert, wenn ein alleiniger Inhaber ein Geschäft betreibt. Ein Firmen- oder Geschäftsvertrag ist überflüssig, weil die Einzelfirma nur vom Inhaber geführt wird. Somit sind die Gründungsformalitäten einfach und billig.

Organisation

Die Organisation hängt stark vom Firmeninhaber und von der Geschäftsstruktur ab. Weil keine Partner bzw. weiteren Geschäftsteilhaber vorhanden sind, gilt es auch keine Vorschriften betreffend Statuten, Verwaltungsräte, Revisionsstelle, Generalversammlung usw. zu beachten.

Geschäftsname (Firma)

Der Inhaber einer Einzelfirma muss die Firma bzw. den Geschäftsnamen aus seinem Familiennamen mit oder ohne Vorname bilden. Eine zusätzliche Sach- oder Fantasiebezeichnung ist zulässig. Unzulässig ist eine Zusatzbezeichnung, die auf eine Handelsgesellschaft hindeutet. Folgende Bezeichnungen sind z.B. zulässig: «Müller Metzgerei Adler» oder «WH Werner Hugentobler dipl. Malermeister».

Handelsregistereintrag

Wenn der jährliche Umsatz Fr. 100 000.– beträgt, besteht die Verpflichtung, die Einzelfirma ins Handelsregister einzutragen. Die freiwillige Eintragung kann jederzeit erfolgen. Die Eintragung erfolgt durch Anmeldung des Firmeninhabers. Ins Handelsregister eingetragen werden Firma (Name), Geschäftszweck, Sitz der Einzelfirma (Ort), Domizil (Geschäftsadresse), Name und Vorname des Firmeninhabers sowie allfällige zusätzlich unterschriftsberechtigte Personen. Der Handelsregistereintrag bewirkt, dass der Geschäftsname geschützt ist und der Firmeninhaber der Betreibung auf Konkurs unterliegt. Das Geschäftsvermögen kann nun auch zur Befriedigung von Ansprüchen privater Gläubiger beansprucht werden. Handwerksbetriebe (Bäckereien, Schreinereien usw.) sind auch bei einem Umsatz von über Fr. 100 000.– nur dann eintragungspflichtig, wenn die Tätigkeit des Firmeninhabers eine geordnete Buchführung erfordert. Die freien Berufe (Anwälte, Ärzte, Architekten usw.) sind nur dann ins Handelsregister einzutragen, wenn der Betrieb eine gewisse Grösse erreicht (z. B. Architekturbüro mit 15 Angestellten).

Buchführungspflicht

Falls die Einzelfirma verpflichtet ist, sich ins Handelsregister einzutragen, ist sie auch gehalten, eine ordnungsgemässe Buchhaltung zu führen. D. h., die Buchführungspflicht besteht unabhängig davon, ob die Firma im Handelsregister eingetragen ist oder nicht. Massgebend für die Buchführungspflicht ist einzig die Tatsache, ob die Firma verpflichtet ist, sich ins Handelsregister einzutragen. Weil bei der Einzelfirma eine persönliche Haftung besteht, sind die Bilanzvorschriften weniger streng als z. B. bei einer AG.

Überschuldung, Betreibung auf Konkurs

Der im Handelsregister eingetragene Einzelfirmeninhaber unterliegt der Konkursbetreibung. Der Konkurs führt, im Gegensatz zur Betreibung auf Pfändung, wo nur einzelne Vermögenswerte verwertet werden, zur Totalliquidation. Diese wirkt sich für den stark verschuldeten Geschäftsmann vorteilhaft aus, da der Gläubiger nur einen Konkursverlustschein erhält. Der Schuldner kann erst erneut belangt werden, wenn er neues Vermögen erlangt hat. Nach neuem Konkursgesetz hat allerdings der Schuldner zu beweisen, dass er nicht zu neuem Vermögen gekommen ist (Umkehr der Beweislast). Bei Pfändungsverlustscheinen können die Gläubiger den Schuldner schon belangen, wenn sein Einkommen über dem Existenzminimum liegt. Diese Tatsache ist von Bedeutung, weil nach dem Konkurs das vom konkursiten Schuldner erzielte Einkommen vollständig ihm gehört.

2. Vor- und Nachteile

2.1 AG-Vorteile

Haftungsbeschränkung

Für den Aktionär besteht keine persönliche Haftung ausser für den persönlichen Anteil des allfällig noch nicht vollständig einbezahlten Aktienkapitals. Gerade deshalb wird in vielen Fällen die Rechtsform der AG oder GmbH gewählt, weil dort zwischen Geschäfts- und Privatvermögen eine strikte Trennung herrscht. Achtung: Private Solidarhaftungserklärungen, Bürgschaften, Leistung von privaten Sicherheiten gegenüber Banken usw. können die Haftungsbeschränkung mehr oder weniger durchlöchern. Zudem muss beachtet werden, dass die mit der Geschäftsführung der AG betrauten Personen (z.B. Verwaltungsrat, Direktor, Geschäftsführer) allenfalls mit dem Privatvermögen haftbar gemacht werden können, falls von den Gläubigern fahrlässiges oder strafbares Handeln nachgewiesen werden kann.

Geheimhaltung der Eigentumsverhältnisse

Aktien können übertragen werden, ohne dass dies im Handelsamtsblatt publiziert werden müsste. Anders als z.B. in einer GmbH kann man in einer AG die Eigentumsverhältnisse also «unter Ausschluss der Öffentlichkeit» umschichten. In einem Familienunternehmen kann dies insbesondere die Lösung von Nachfolgeproblemen erleichtern.

Nachfolge

Die AG besteht auch nach dem Tode eines oder mehrerer Aktionäre weiter, d.h., sie «stirbt» nicht. Grundsätzlich ist die AG immer dann steuerlich eine vorteilhafte Rechtsform für die Nachfolge, wenn diese entgeltlich (an einen Erben oder an Dritte) – und nicht unentgeltlich – erfolgen soll. Ebenso ist sie grundsätzlich dann vorteilhaft, wenn die Nachfolge nicht sofort stattfinden soll und Miterben mit andern Aktiven statt mit Aktien abgefunden werden sollen. Sollen die Miterben ebenfalls mit Aktien abgefunden werden, so bleibt das Eigenkapital der Firma bestehen, denn das Aktienkapital kann nicht gekündigt werden. Zudem kann die Zuteilung der Aktien auf die Berechtigten leicht nach einem bestimmten Schlüssel vorgenommen werden. Stimmrechtsaktien ermöglichen trotz Miterben die Führung der AG durch geeignete Familienmitglieder.

Veräusserung

Der Verkauf der Gesellschaft erfolgt mit der Übertragung der Aktien. Dies stellt eine beachtliche Vereinfachung im Falle einer (teilweisen) Veräusserung bzw. bei Änderungen im Bestande der Beteiligten dar.

Geschäftsname (Firma)

Im Gegensatz zur Einzelfirma und zu anderen Gesellschaften kann die AG völlig frei entscheiden, unter welchem Namen sie am Geschäftsleben teilnehmen will. Sie kann selbst eine Fantasiebezeichnung wählen (z.B. «Prisma Consulting AG», «Casa Nova SA» usw.). Zudem darf sie den einmal gewählten Firmennamen unabhängig von einem Wechsel im Mitgliederbestand beibehalten, was vor allem für Familienunternehmen von Bedeutung ist: Die «Rolf Meier Gartenbau AG» muss den Firmennamen nicht ändern, wenn Rolf Meier ausscheidet und sein Vorarbeiter Alois Müller das Unternehmen übernimmt.

Verträge

Änderungen in der Einzelfirma oder bei Personengesellschaften bewirken in vielen Fällen den Ablauf der bestehenden Verträge. Bei der AG bestehen solche Verträge ungeachtet vieler Änderungen weiter.

Kapitalbeschaffung, Kreditwürdigkeit

Bankkredite können durch Hinterlegung der Aktien leichter aufgenommen werden, da das feste Aktienkapital als Sicherheit dienen kann. Weil bei der AG ein deutlich höheres Mindestkapital als bei der GmbH vorgeschrieben wird, besteht in der Regel ein grösseres Kreditpotential. Bei der Eigenmittelbeschaffung besteht ebenfalls ein grösserer Spielraum, da sich Leute auch nur rein finanziell beteiligen können, also ohne mitarbeiten oder Verantwortung tragen zu müssen. Im Gegensatz zur GmbH besteht bei der Eigenkapitalbeschaffung keine obere Limite. Aber: Wer als Einzelunternehmer keinen Kredit geniesst, wird meist auch mit der Gründung einer AG keine Bank und keine weiteren Aktionäre finden.

Mitarbeiterbeteiligung

Mittels Abgabe von Aktien können die Mitarbeiter beteiligt bzw. die guten Kräfte unkompliziert gefördert, motiviert und an die Gesellschaft «gebunden» werden. Die Form der Einzelfirma verunmöglicht und die Form der GmbH erschwert eine eigentliche Mitarbeiterbeteiligung.

Abzugsfähige Unkosten

Die üblichen Saläre der Aktionäre sowie die bezahlten Zinsen auf
den von den Aktionären gewährten Vorschüssen sind bei der Ermittlung des steuerbaren Gewinnes abziehbar. Zudem sind die zu
entrichtenden Steuern als Unkosten absetzbar (bei einer Einzelfirma oder Personengesellschaft gelten die Steuern als nicht abzugsfähiger Privataufwand).

Bemessungslücken im Steuersystem

Wenn die beiden letzten Geschäftsjahre der Einzelfirma über-
durchschnittliche Ergebnisse bringen, können die darauf zu ent-
richtenden Steuern unter Umständen durch eine umgehende AG-
Gründung vermieden werden. (Vorsicht, wenn kurzfristig vor bzw.
nach der AG-Gründung ausserordentlich gute Ergebnisse vorliegen: Bruttogewinnvergleich und Liquidationsgewinnsteuern infolge Auflösung stiller Reserven können folgen.)

Steuerprogression

Durch die Spaltung des Gewinnes

• der Lohn des Aktionärs gilt bei der AG als Aufwand und ist in der
  Privatsteuererklärung zu deklarieren
• der verbleibende Gewinn (nach Lohnbezug) ist von der AG zu
  versteuern

kann die Progressionsspitze – je nach Gesamteinkommen – mehr
oder weniger spürbar gebrochen werden. Bei einer Einzelfirma ist
dagegen der Gesamtgewinn in der Privatsteuererklärung abzurechnen (siehe dazu auch im Anhang «Steuerbelastungsvergleich
AG/GmbH gegen Einzelfirma»).

Steuerfreier Verkauf der Aktien

Die von einem Aktionär anlässlich eines Verkaufs von Aktien realisierten Gewinne werden in praktisch allen Kantonen nicht als Einkommen erfasst (Ausnahme: Die Aktien werden von einer Handelsgesellschaft gehalten). Dabei gilt es generell eine Sperrfrist
von 5 Jahren seit Gründung abzuwarten. Zudem wird der Aktien-
gewinn nicht von der AHV erfasst.

Kinderzulagen

Bei einer AG/GmbH besteht in jedem Fall ein Anspruch auf Kinderzulagen, bei einer Einzelfirma höchstens bei Unterschreitung einer
gewissen Einkommensstufe (gemäss kantonalen Regelungen). Je
nach Anzahl Kinder und kantonaler Beitragshöhe ergeben diese
Zusatzeinkünfte bei einer AG/GmbH schnell einmal mehrere tausend Franken.

Beiträge AHV

Die AHV-Beiträge sind nicht auf dem ganzen Gewinn (wie bei einer
Einzelfirma und bei Personengesellschaften, allerdings abzüglich
Zins auf dem investierten Eigenkapital), sondern nur auf dem
selbst festgelegten Lohn des Unternehmers zu entrichten. Zudem:
Wer als Einzelfirmeninhaber Mühe hat, bei der AHV-Kasse seine
Selbständigkeit nachzuweisen, der kann sich in der Regel durch
Gründung einer AG/GmbH dieser Problematik entziehen. Der Un-
ternehmer lässt sich dann einfach bei seiner eigenen AG oder
GmbH anstellen und AHV-mässig abrechnen.

31

Unfall- und Krankenversicherung

Der Unternehmer lässt sich bei der AG mit Vorteil als Arbeitnehmer zusammen mit seinen Angestellten gegen Unfall und Krankheit versichern. Bei einer Einzelfirma oder Personengesellschaft können die entsprechenden Prämien des Unternehmers steuerlich nicht zum Abzug gebracht werden.

Austritt

Der Austritt aus der AG ist gesetzlich nicht geregelt. Dieser erfolgt in der Regel einfach durch den Verkauf der Aktien. Bei Namenaktien sind jedoch allfällige Vinkulierungsbestimmungen (= Verkaufseinschränkungen), die in den Statuten jedoch konkret festzuhalten sind, zu beachten. Die Ein- und Austritte von Namenaktionären sind von der Gesellschaft im Aktienbuch festzuhalten.

2.2   AG-Nachteile

Kapital

Das Kapital bei einer AG muss mindestens Fr. 100 000.– betragen;
davon sind mindestens 20%, in jedem Fall aber Fr. 50 000.– bar einzuzahlen oder mit Sacheinlagen zu decken. Eine GmbH kann dagegen mit lediglich Fr. 20 000.– (Mindesteinzahlung Fr. 10 000.–) und
eine Einzelfirma (theoretisch) sogar ohne Kapital gegründet werden. Aber: Benötigt die Gesellschaft in jedem Fall ein gewisses
Mindest-Betriebskapital, so wird der allfällige Nachteil hinfällig,
denn die einbezahlten Beträge stehen nach der Gründung sowieso
zur freien Verfügung der Gesellschaft bzw. deren Verwaltung/Ge-
schäftsführung.

Steuerliche Doppelbelastung

Bei einem kleineren und weniger gut rentierenden Betrieb ist langfristig gesehen die Gesamtfiskalbelastung mit einer AG meistens
höher als mit einer Einzelfirma. Dies aufgrund der steuerlichen
Doppelbelastung:

* Besteuerung der AG: – Reinertragssteuer
                             – Kapitalsteuer
* Besteuerung des Aktionärs: – Einkommenssteuer auf ausgeschüt-
                               teten Gewinnen (Dividenden)
                             – Vermögenssteuer (Aktienwert)

Die Doppelbelastung beim Ertrag/Einkommen kann durch Thesaurierung (d. h. Nichtausschüttung der Gewinne) vermieden bzw.
in die Zukunft verschoben werden.

33

Langfristig ist die vorgenannte Doppelbelastung in folgenden Fällen auch bei Nichtausschüttung (teilweise) zu beachten:

• Der Verkauf der Aktien ist zwar grundsätzlich steuerfrei, jedoch wird ein gut beratener Käufer einen Teilabzug für die latente Steuerlast geltend machen.
• Bei der Liquidation sind alle noch nicht ausgeschütteten Gewinne und Reserven zu versteuern.

Der Steuerbelastungsvergleich kann im konkreten Einzelfall nachweisen, ob die steuerliche Doppelbelastung langfristig tatsächlich zu einem Nachteil wird (siehe dazu im Anhang «Steuerbelastungsvergleich AG/GmbH gegen Einzelfirma»).

Gründungskosten

Die Gründung einer AG/GmbH ist mit verschiedenen Gründungskosten behaftet. Bis zu einer Kapitalfreigrenze von Fr. 250 000.– werden bei der Gründung einer AG/GmbH seit dem 1.1.1996 keine Emissionsabgaben mehr erhoben, was zu einer markanten Entlastung geführt hat. Aufgrund der übrigen Gründungskosten bleibt die Gründung einer AG/GmbH trotzdem etwas kostspieliger als die der Einzelfirma. Zudem wird bei einem Gründungskapital von mehr als Fr. 250 000.– auf dem gesamten Kapital weiterhin die Emissionsabgabe erhoben, seit 1.1.1996 zum Satz von 2%. Nähere Angaben zu den Gründungskosten finden sich im 4. Kapitel und im Anhang.

Zusammensetzung Verwaltungsrat

Während bei der GmbH lediglich ein einzelzeichnungsberechtigter Geschäftsführer in der Schweiz wohnhaft zu sein hat, muss bei der AG das einzige Mitglied oder die Mehrheit des Verwaltungsrates

Schweizer Bürger mit Wohnsitz in der Schweiz sein. Zudem müssen die Verwaltungsräte Aktionäre der Gesellschaft sein (jedoch eine Aktie genügt).

Verwaltungsaufwand

Die AG erfordert einen erhöhten Verwaltungsaufwand für Protokolle, Geschäftsberichte, strengere Buchführungsvorschriften, Einsatz der Revisionsstelle, zusätzliche Steuerformulare, Generalversammlung usw.

Minderheitsaktionäre

Die Minderheitsaktionäre sind in der Regel benachteiligt. Sie haben keine Kündigungsmöglichkeiten für ihren Aktienanteil und erhalten zumeist auch keine Verzinsung bzw. Dividende auf ihrem Kapitaleinsatz.

Sperrfrist

Für die steuerfreie Umwandlung einer Einzelfirma oder Personengesellschaft gilt generell eine Sperrfrist von 5 Jahren nach erfolgter AG-Gründung. Andernfalls wird rückwirkend auf den Umwandlungsstichtag eine Liquidationsgewinnsteuer auf dem (theoretischen) Veräusserungsgewinn aus der Einzelfirma erhoben.

Pensionskasse BVG (2. Säule)

Jeder Lohnbezüger (also auch der Hauptaktionär) ist dem BVG ab einer gewissen Lohnsumme obligatorisch zu unterstellen.

Bilanzierungsvorschriften

Die AG untersteht strengeren formellen und materiellen Bewertungsvorschriften als Einzelfirmeninhaber und Personengesellschaften (z.B. Kollektivgesellschaft).

Publizität

Die Rechtsform der AG bringt eine gewisse Publizitätspflicht mit sich, indem z.B. die Statuten, die Zusammensetzung des Verwaltungsrates, die Höhe des Aktienkapitals (jedoch nicht die Zusammensetzung der Aktionäre!) durch das Handelsregisteramt publiziert werden.

Mitarbeit Ehefrau

Ein Abzug für die mitarbeitende bzw. zweitverdienende Ehefrau kann nur dann vorgenommen werden, wenn ein offizieller Lohn ausbezahlt und mit der AHV/ALV/UVG und evtl. BVG (Pensionskasse) abgerechnet wird. Bei grösseren Lohnbezügen durch die Ehefrau können sich jedoch bei den pauschalisierten Berufsauslageabzügen steuerliche Vorteile ergeben.

2. Vor- und Nachteile   GmbH-Vorteile

2.3   GmbH-Vorteile

Kapital

Das Kapital bei einer AG muss mindestens Fr. 100 000.– betragen; davon sind mindestens 20%, in jedem Fall aber Fr. 50 000.– bar einzuzahlen oder mit Sacheinlagen zu decken. Eine GmbH kann dagegen mit lediglich Fr. 20 000.– (Mindesteinzahlung = Fr. 10 000.–) gegründet werden. Aber: Benötigt die Gesellschaft in jedem Fall ein gewisses Mindest-Betriebskapital (z. B. Fr. 50 000.– oder mehr), so kann auch ohne Nachteil eine AG gegründet werden, denn die einbezahlten Beträge stehen nach der Gründung zur freien Verfügung der Gesellschaft bzw. deren Verwaltung/Geschäftsführung.

Haftungsbeschränkung

Der Name der GmbH sagt es bereits: Die Haftung ist beschränkt, und zwar auf das (voll einbezahlte) Stammkapital. Bei einer mit dem Mindestkapital von Fr. 20 000.– gegründeten GmbH beschränkt sich die Haftung auf diese Fr. 20 000.–. Eine bedeutende Abweichung zur AG besteht nur im Fall des nicht voll einbezahlten Stammkapitals. Für den nicht einbezahlten Betrag haften alle Gesellschafter unbeschränkt und solidarisch. Sobald das ganze Stammkapital einbezahlt ist, was wohl mehrheitlich ohnehin der Fall sein dürfte, verliert dieser Punkt aber jede Bedeutung. Achtung: Private Solidarhaftungserklärungen, Bürgschaften, Leistung von privaten Sicherheiten gegenüber Banken usw. können die Haftungsbeschränkung mehr oder weniger durchlöchern. Zudem muss beachtet werden, dass die mit der Geschäftsführung der GmbH betrauten Personen allenfalls mit dem Privatvermögen haftbar gemacht werden können, falls von den Gläubigern fahrlässiges oder strafbares Handeln nachgewiesen werden kann.

Geschäftsname (Firma)

Wie die AG kann die GmbH völlig frei entscheiden, unter welchem Namen sie am Geschäftsleben teilnehmen will. Sie kann wie die AG eine Kombination aus Fantasie-, Sach- oder Personenbezeichnung wählen, muss aber – im Gegensatz zur AG – in jedem Fall stets die Zusatzbezeichnung «GmbH» anfügen. Wie die AG darf auch die GmbH bei einem Wechsel im Mitgliederbestand den Geschäftsnamen beibehalten.

Anzahl Gründer

Bei der GmbH sind nur zwei Gründer notwendig (bei der AG sind es deren drei). Dadurch kommt beispielsweise ein Ehepaar, das eine Gesellschaft gründen möchte, ohne einen Strohmann aus. Später ist die Einmann-GmbH rechtlich möglich, sofern nicht ein Gläubiger den gesetzlichen Zustand (zwei Gesellschafter) verlangt. Auch Gründungen mit einem Strohmann, der nur die Mindesteinlage von Fr. 1000.– übernimmt, sind möglich.

Geschäftsführer

Während bei der AG die Mehrheit des Verwaltungsrates Schweizer Bürger mit Wohnsitz in der Schweiz zu sein hat, entfallen bei der GmbH einschränkende Ausländerbestimmungen bei der Wahl der Geschäftsführer (= «Verwaltungsrat» der GmbH). Lediglich ein einzelzeichnungsberechtigter Geschäftsführer muss in der Schweiz wohnhaft sein. Zudem brauchen die Geschäftsführer nicht Gesellschafter zu sein.

Kontrollstelle (Revisionsstelle)

Im Gegensatz zur AG ist bei der GmbH der Einsatz einer unabhängigen Kontrollstelle (Revisionsstelle) nicht erforderlich, kann jedoch freiwillig vorgesehen werden. Somit entfallen die entsprechenden Formalitäten.

Verträge

Änderungen in der Einzelfirma oder in Personengesellschaften (z.B. Kollektivgesellschaft) bewirken in vielen Fällen den Ablauf der bestehenden Verträge. Bei der GmbH und der AG bestehen solche Verträge ungeachtet vieler Änderungen weiter.

Kapitalbeschaffung, Kreditwürdigkeit

Bei der Mittelbeschaffung besteht wie bei der AG ein grösserer Spielraum, da sich Leute auch nur rein finanziell beteiligen können, also ohne mitarbeiten oder Verantwortung tragen zu müssen. Aber: Wer als Einzelunternehmer keinen Kredit geniesst, wird meist auch keine weiteren Gesellschafter finden. Zudem: Weil der GmbH-Stammanteil «nur» als Beweisurkunde und nicht wie die Aktie als Wertpapier dient, ist der Stammanteil für die Sicherstellung von Krediten nicht geeignet.

Abzugsfähige Unkosten

Die üblichen Saläre der mitarbeitenden Gesellschafter sowie die bezahlten Zinsen auf den von den Gesellschaftern gewährten Vorschüssen sind bei der Ermittlung des steuerbaren Gewinnes wie bei der AG abziehbar. Zudem sind die zu entrichtenden Steuern als Unkosten absetzbar (bei einer Einzelfirma oder Personengesellschaft gelten die Steuern als nicht abzugsfähiger Privataufwand).

39

Bemessungslücken im Steuersystem

Wenn die beiden letzten Geschäftsjahre der Einzelfirma über-
durchschnittliche Ergebnisse bringen, können die darauf zu ent-
richtenden Steuern unter Umständen durch eine umgehende
GmbH-Gründung vermieden werden. (Vorsicht, wenn kurzfristig
vor bzw. nach GmbH-Gründung ausserordentlich gute Ergebnisse
vorliegen: Bruttogewinnvergleich und Liquidationsgewinnsteuern
infolge Auflösung stiller Reserven können folgen.)

Steuerprogression

Durch die Spaltung des Gewinnes (wie bei der AG)

• der Lohn des Gesellschafters gilt bei der GmbH als Aufwand und
  ist in der Privatsteuererklärung zu deklarieren

• der verbleibende Gewinn (nach Lohnbezug) ist von der GmbH zu
  versteuern

kann die Progressionsspitze – je nach Gesamteinkommen – mehr
oder weniger spürbar gebrochen werden. Bei einer Einzelfirma ist
dagegen der Gesamtgewinn in der Privatsteuererklärung abzurechnen (siehe dazu auch im Anhang «Steuerbelastungsvergleich
AG/GmbH gegen Einzelfirma»).

Steuerfreier Verkauf der Stammeinlage

Der von einem Gesellschafter anlässlich eines Verkaufs der
Stammeinlage realisierte Gewinn ist – wie bei der AG – in praktisch allen Kantonen nicht als Einkommen zu versteuern (Ausnahme: Die Stammeinlage wird von einer Handelsgesellschaft
gehalten). Dabei gilt es generell eine Sperrfrist von 5 Jahren seit

40

Gründung abzuwarten. Zudem wird der Gewinn aus dem Verkauf der Stammeinlage nicht von der AHV erfasst.

Kinderzulagen

Bei einer GmbH/AG besteht in jedem Fall ein Anspruch auf Kinderzulagen, bei einer Einzelfirma höchstens bei Unterschreitung einer gewissen Einkommensstufe (gemäss kantonalen Regelungen). Je nach Anzahl Kinder und kantonaler Beitragshöhe ergeben diese Zusatzeinkünfte bei einer GmbH/AG schnell einmal mehrere tausend Franken.

Beiträge AHV

Die AHV-Beiträge sind nicht auf dem ganzen Gewinn (wie bei einer Einzelfirma und bei Personengesellschaften, allerdings abzüglich Zins auf dem investierten Eigenkapital), sondern nur auf dem selbst festgelegten Lohn des Unternehmers zu entrichten (gleiche Regelung wie bei der AG). Zudem: Wer als Einzelfirmeninhaber Mühe hat, bei der AHV-Kasse seine Selbständigkeit nachzuweisen, der kann sich in der Regel durch Gründung einer GmbH/AG dieser Problematik entziehen. Der Unternehmer lässt sich dann einfach bei seiner eigenen GmbH oder AG anstellen und AHV-mässig abrechnen.

Unfall- und Krankenversicherung

Der Unternehmer lässt sich bei der GmbH/AG mit Vorteil als Arbeitnehmer zusammen mit seinen Angestellten gegen Unfall und Krankheit versichern. Bei einer Einzelfirma oder Personengesellschaft (z. B. Kollektivgesellschaft) können die entsprechenden Prämien des Unternehmers steuerlich nicht abgezogen werden.

41

2.4   GmbH-Nachteile

Steuerliche Doppelbelastung

Bei einem kleineren und weniger gut rentierenden Betrieb ist langfristig gesehen die Gesamtfiskalbelastung mit einer GmbH/AG meistens höher als mit einer Einzelfirma. Dies aufgrund der steuerlichen Doppelbelastung:

- Besteuerung der GmbH: – Reinertragssteuer
                                  – Kapitalsteuer
- Besteuerung des Gesellschafters: – Einkommenssteuer auf
                                  ausgeschütteten Gewinnen
                                  (Dividenden)
                                  – Vermögenssteuer
                                  (Wert Stammeinlage)

Die Doppelbelastung beim Ertrag/Einkommen kann durch Thesaurierung (d.h. Nichtausschüttung der Gewinne) vermieden bzw. in die Zukunft verschoben werden.

Langfristig ist die vorgenannte Doppelbelastung in folgenden Fällen auch bei Nichtausschüttung (teilweise) zu beachten:

- Der Verkauf des Stammanteiles ist zwar grundsätzlich steuerfrei, jedoch wird ein gut beratener Käufer einen Teilabzug für die latente Steuerlast geltend machen.
- Bei der Liquidation sind alle noch nicht ausgeschütteten Gewinne und Reserven zu versteuern.

Der Steuerbelastungsvergleich kann im konkreten Einzelfall nachweisen, ob die steuerliche Doppelbelastung langfristig tatsächlich zu einem Nachteil wird (siehe dazu auch Anhang «Steuerbelastungsvergleich AG/GmbH gegen Einzelfirma»).

Gründungskosten

Die Gründung einer GmbH/AG ist mit verschiedenen Gründungskosten behaftet. Bis zu einer Kapitalfreigrenze von Fr. 250 000.– werden bei der Gründung einer GmbH/AG seit dem 1.1.1996 jedoch keine Emissionsabgaben mehr erhoben, was zu einer markanten Entlastung geführt hat. Aufgrund der übrigen Gründungskosten bleibt die Gründung einer GmbH/AG trotzdem etwas kostspieliger als die der Einzelfirma. Zudem wird bei einem Gründungskapital von mehr als Fr. 250 000.– auf dem gesamten Kapital weiterhin die Emissionsabgabe erhoben, seit 1.1.1996 zum Satz von 2%. Nähere Angaben zu den Gründungskosten finden sich im 4. Kapitel und im Anhang.

Kapitalbegrenzung

Wenn die GmbH aus irgendeinem Grund ein höheres Stammkapital als Fr. 2 000 000.– benötigt, ist eine Umwandlung in eine AG erforderlich.

Jährliche Meldung an das Handelsregisteramt

Die Höhe der Stammeinlagen der Gesellschafter ist im Handelsregister zu publizieren, ausserdem ist dem Handelsregisteramt jährlich eine Liste einzureichen, woraus ersichtlich sein müssen: Namen der Gesellschafter, Betrag der einzelnen Stammeinlagen und darauf erfolgte Leistungen, Übergänge und Änderungen von Gesellschaftsanteilen.

Verwaltungsaufwand

Im Vergleich zur Einzelfirma erfordert die GmbH einen erhöhten Verwaltungsaufwand für Protokolle, zusätzliche Steuerformulare,

Generalversammlung, strengere Buchführungsvorschriften usw. Im Gegensatz zur AG sind jedoch der Einsatz einer Kontrollstelle (Revisionsstelle) und die Abfassung eines Jahresberichtes fakultativ.

Minderheitsgesellschafter

Die Minderheitsgesellschafter sind in der Regel stark benachteiligt. Sie erhalten zumeist auch keine Verzinsung bzw. Dividende auf ihrem Kapitaleinsatz.
Zudem ist die Veräusserung eines Stammanteiles aufgrund von OR Art. 791 äusserst schwierig. Siehe dazu die nachstehenden Kommentare zu den GmbH-Nachteilen «Veräusserung» und «Austritt».

Sperrfrist

Für die steuerfreie Umwandlung einer Einzelfirma gilt generell eine Sperrfrist von 5 Jahren nach erfolgter GmbH-Gründung. Andernfalls wird rückwirkend auf den Umwandlungsstichtag eine Liquidationsgewinnsteuer auf dem (theoretischen) Veräusserungsgewinn aus der Einzelfirma erhoben.

Pensionskasse BVG (2. Säule)

Jeder Lohnbezüger (also auch der Hauptgesellschafter) ist dem BVG ab einer gewissen Lohnsumme obligatorisch zu unterstellen.

Bilanzierungsvorschriften

Die GmbH untersteht strengeren formellen und materiellen Bewertungsvorschriften als Einzelfirmeninhaber und Personengesellschaften.

Offenlegung der Eigentumsverhältnisse, Publizität

Im Handelsregister werden die Beträge der Stammeinlagen mit dem Namen jedes einzelnen Gesellschafters eingetragen. Die Eigentumsverhältnisse sind bei der GmbH – dies im Gegensatz zur AG – somit transparent. Die Rechtsform der GmbH bringt zudem eine gewisse Publizitätspflicht mit sich, indem z. B. die Statuten, die Zusammensetzung der Geschäftsführung und die Höhe des Stammkapitals beim Handelsregisteramt eingesehen werden können bzw. publiziert werden.

Offenlegung der Eigentumsverhältnisse

GmbH-Anteile können nicht ohne entsprechende Publikation im Handelsamtsblatt begründet oder übertragen werden. Dies im Gegensatz zur AG, wo die Eigentumsverhältnisse «unter Ausschluss der Öffentlichkeit» begründet oder umgeschichtet werden können.

Nachfolge

Grundsätzlich ergeben sich zwar die gleichen Vorteile wie bei einer AG. Da Aktien aber leichter handelbar und aufteilbar sind als GmbH-Anteile, dürften bei der Nachfolge oder im Erbgang die Aktien einfacher zu teilen bzw. zu übertragen sein als eine Stammeinlage. Im übrigen siehe dazu den nachstehenden Kommentar zum GmbH-Nachteil «Veräusserung».

Veräusserung

Der Übergang und Handel der Stammanteile ist gegenüber der AG stark erschwert. Die Übertragung der Mitgliedschaft hängt von der Zustimmung von drei Vierteln der Gesellschafter ab, die zusammen mindestens drei Viertel des Stammkapitals vertreten. Die Abtretung von Gesellschaftsanteilen kann durch die Statuten sogar gänzlich verboten werden. Jede Abtretung eines Gesellschaftsanteils muss zudem öffentlich beurkundet werden. Ändert sich die Aufteilung der Stammeinlagen, bedarf es einer ebenfalls öffentlich zu beurkundenden Statutenänderung und der Meldung an das Handelsregisteramt.

Mitarbeiterbeteiligung

Durch Aktien können bei der AG die Mitarbeiter beteiligt bzw. die guten Kräfte unkompliziert gefördert, motiviert und an die Gesellschaft «gebunden» werden. Dies ist zwar bei der GmbH grundsätzlich auch möglich, die komplizierte Übertragung oder Aufteilung der Stammanteile erschwert dieses Instrument jedoch erheblich.

Austritt

Das Recht auf Austritt ist, abweichend vom Aktienrecht, im Gesetz vorgesehen. Dieses Recht kann jedoch nur dann beansprucht werden, wenn es ausdrücklich in den Statuten fixiert ist. In diesem Fall wird der Austretende nicht nur mit dem Nominalbetrag, sondern zum wirklichen Wert des Geschäftsanteils entschädigt, sofern in den Statuten nichts anderes vorgesehen ist. Der Übergang und Handel der Stammanteile ist zudem gegenüber der AG stark erschwert. Siehe dazu den obenstehenden Kommentar zum GmbH-Nachteil «Veräusserung».

Mitarbeit Ehefrau

Ein Abzug für die mitarbeitende bzw. zweitverdienende Ehefrau kann nur dann vorgenommen werden, wenn ein offizieller Lohn

ausbezahlt und mit der AHV/ALV/UVG und evtl. BVG (Pensionskasse) abgerechnet wird. Bei grösseren Lohnbezügen durch die
Ehefrau können sich jedoch bei den pauschalisierten Berufsauslageabzügen steuerliche Vorteile ergeben.

Betreibung auf Konkurs

Dieser strengen Betreibungsart, die auf das Gesamtvermögen des
Schuldners abzielt, sind Schuldner unterworfen, die im Handelsregister eingetragen sind, und zwar als geschäftsführendes Mitglied
einer GmbH, als Mitglied einer Kollektivgesellschaft, als unbeschränkt haftendes Mitglied einer Kommanditgesellschaft oder als
Inhaber einer Einzelfirma. Sogar wenn der Handelsregistereintrag
gelöscht ist, unterliegen die vorgenannten Personen, die handelsamtlich eingetragen waren, während 6 Monaten noch der Konkursbetreibung. Diese Betreibungsart ist jedoch ausgeschlossen
für Schulden öffentlich-rechtlicher Art (AHV-Beiträge, Steuern
usw.) sowie für periodische Unterhaltsbeiträge (z. B. Alimentenzahlungen).

2.5   Einzelfirma-Vorteile

Kapital

Das Kapital bei einer AG oder GmbH muss mindestens Fr. 100 000.– bzw. Fr. 20 000.– betragen; davon sind mindestens Fr. 50 000.– (AG) oder Fr. 10 000.– (GmbH) bar einzuzahlen oder mit Sacheinlagen zu decken. Eine Einzelfirma kann dagegen (theoretisch) ohne Kapital gegründet werden. Aber: Benötigt die Firma in jedem Fall ein gewisses Mindest-Betriebskapital, so wird der vorliegende Vorteil allenfalls hinfällig.

Keine steuerliche Doppelbelastung

Bei einem kleineren und weniger gut rentierenden Betrieb ist langfristig gesehen die Gesamtfiskalbelastung mit einer AG/GmbH meistens höher als mit einer Einzelfirma. Dies aufgrund der steuerlichen Doppelbelastung bei der AG/GmbH und dem Aktionär/Gesellschafter. Im übrigen siehe den Kommentar zu den AG- und GmbH-Nachteilen «Steuerliche Doppelbelastung» bzw. auch im Anhang «Steuerbelastungsvergleich AG/GmbH gegen Einzelfirma».

Gründung, Gründungskosten

Für die Gründung einer Einzelfirma bestehen keine Gründungsformalitäten. D.h., wer ohne Formalitäten unter eigener Firma und auf eigene Rechnung ein Gewerbe ausübt, gilt rechtlich als Einzelunternehmer. Zudem entsteht einzig für den allfällig notwendigen Handelsregistereintrag eine geringe Gebührennote. Im übrigen siehe dazu Kapitel 4 «Gründungskosten».

Handelsregistereintrag

Der Handelsregistereintrag schützt den Namen der Einzelfirma gegen missbräuchliche Verwendung und hat die Betreibung auf Konkurs zur Folge, was die Kreditwürdigkeit erhöht.

Verwaltungsaufwand

Die Einzelfirma erfordert – im Gegensatz zur AG und GmbH – keinen erhöhten Verwaltungsaufwand für Protokolle, Geschäftsberichte, strengere Buchführungsvorschriften, Einsatz der Revisionsstelle, zusätzliche Steuerformulare, Generalversammlung usw.

Pensionskasse BVG (2. Säule)

Der Einzelfirmeninhaber ist nicht verpflichtet, sich einer Pensionskasse anzuschliessen. Er kann sich jedoch im Rahmen der 2. Säule bei der Kasse seiner Angestellten oder bei einer allfälligen Verbandslösung anschliessen lassen. Verzichtet der Unternehmer auf die Pensionskasse, so kann er sich immer noch im Rahmen der 3. Säule (= gebundene, aber freiwillige Vorsorge) mit den maximalen steuerlichen Abzugsmöglichkeiten versichern lassen.

Bilanzierungsvorschriften

Die Einzelfirma untersteht nur dann der allgemeinen Buchführungspflicht, wenn sie verpflichtet ist, sich ins Handelsregister einzutragen. Diese Buchführungspflicht untersteht jedoch weniger strengen Kriterien als z.B. bei einer AG. Einzelfirmen, die handelsrechtlich nicht buchführungspflichtig sind, haben jedoch sämtliche Einnahmen und Ausgaben aufzuzeichnen, damit die zuständige Steuerverwaltung die steuerbaren Nettoeinkünfte ermitteln kann.

Publizität

Die Rechtsform der Einzelfirma bringt keine grosse Publizitäts-pflicht mit sich. Bei der Gründung werden lediglich der Name des Inhabers, die Art des Geschäftes (Zweck) und das Geschäftsdomi-zil im Handelsregister eingetragen und publiziert.

Kreditwürdigkeit

Weil der Einzelfirmeninhaber für die Geschäftsschulden mit dem Geschäfts- und Privatvermögen haftet, geniesst er in der Regel eine höhere Kreditwürdigkeit, insbesondere wenn er durch den allfälligen Handelsregistereintrag auch noch der strengeren Konkursbetreibung unterliegt.

Bemessungslücken im Steuersystem

Wenn die beiden letzten Geschäftsjahre der Einzelfirma über-durchschnittliche Ergebnisse bringen, können die darauf zu ent-richtenden Steuern und AHV-Beiträge unter Umständen durch eine AG- oder GmbH-Gründung vermieden werden. (Vorsicht, wenn kurzfristig vor bzw. nach AG- oder GmbH-Gründung ausser-ordentlich gute Ergebnisse vorliegen: Bruttogewinnvergleich und Liquidationsgewinnsteuern infolge Auflösung stiller Reserven können folgen.)

Mitarbeit Ehefrau

Ein Abzug für die mitarbeitende Ehefrau kann in der Regel auch dann vorgenommen werden, wenn kein offizieller Lohn ausbe-zahlt und mit der AHV abgerechnet wird.

2.6   Einzelfirma-Nachteile

Haftung

Mit dem Betrieb einer Einzelfirma ist stets die persönliche Haftung gegeben. Neben dem Geschäfts- kann auch das Privatvermögen für Geschäftsschulden herangezogen werden.

Offenlegung der Eigentumsverhältnisse

Bei einer Einzelfirma sind die Eigentumsverhältnisse durch die öffentliche Publizierung bekannt. Jedermann weiss also, wem diese Firma zu 100% gehört.

Nachfolge

Wird die Einzelfirma unentgeltlich an einen Nachfolger (z.B. an den einzigen Erben) übertragen, weist die Rechtsform der Einzelfirma keine Nachteile auf. Wird die Einzelfirma jedoch entgeltlich an einen oder mehrere Nachfolger übertragen (z.B. an die beiden langjährigen Vorarbeiter), so entstehen umgekehrt sämtliche Nachteile, wie wir sie vorstehend bei den AG-Vorteilen unter dem Stichwort «Nachfolge» kommentiert haben. Übrigens: Beim Tod des Firmeninhabers erlischt die Einzelfirma nicht. An seine Stelle treten die Erben bezüglich aller Rechte und Pflichten, Forderungen und Verbindlichkeiten. Dies allerdings erst ab dem Zeitpunkt, an welchem die Erbengemeinschaft feststeht.

Veräusserung

Beim Verkauf einer Einzelfirma sind die Aktiven und Passiven so-

51

wie allfällige Verträge auf den Erwerber zu übertragen. Bei einer AG sind lediglich die Aktien zu übergeben. Bei der Übernahme einer Einzelfirma haftet der neue Inhaber grundsätzlich mit seinem bisherigen und mit dem übernommenen Vermögen, sobald die Übernahme vollzogen ist. Der bisherige Geschäftsinhaber haftet zudem ebenfalls noch während zweier Jahre. Ferner sind steuerliche Nachteile in Kauf zu nehmen: Der Gewinn aus dem Verkauf einer Einzelfirma ist sowohl bei den Steuern wie auch bei der AHV abzurechnen. Der Verkaufsgewinn bei einer AG oder GmbH ist dagegen in der Regel steuer- und AHV-frei.

Geschäftsname (Firma)

Im Gegensatz zur AG kann die Einzelfirma nicht völlig frei entscheiden, unter welchem Namen sie am Geschäftsleben teilnehmen will. Fantasie- und Sachbezeichnungen sind zwar möglich, aber der wesentliche Inhalt des Geschäftsnamens muss stets aus dem Familiennamen (mit oder ohne Vornamen) des Inhabers gebildet werden. Beim Verkauf oder Übergang einer Einzelfirma muss somit in der Regel der Firmenname geändert werden. Der Geschäftsname geniesst zudem nur Schutz am Orte des Betriebes (bei einer AG oder GmbH gilt der Schutz für die ganze Schweiz).

Verträge

Änderungen in der Einzelfirma bewirken in vielen Fällen den Ablauf der bestehenden Verträge. Bei der AG oder GmbH bestehen solche Verträge ungeachtet vieler Änderungen weiter.

Kapitalbeschaffung

Die Kapitalkraft der Einzelfirma beschränkt sich in der Regel auf

die persönlichen Mittel des Einzelunternehmers. Somit sind der
Entfaltung und der Initiative des Unternehmers oft Grenzen ge-
setzt.

Mitarbeiterbeteiligung

Die Form der Einzelfirma verunmöglicht eine eigentliche Mitarbeiterbeteiligung wie z. B. bei der AG, bei welcher der Inhaber den lei-
tenden Angestellten einen Teil der Firma mittels Aktien abtreten
oder verkaufen kann.

Abzugsfähige Unkosten

Das Salär des Einzelfirmeninhabers sowie der Zins auf dessen Ka-
pitaleinlagen bilden zusammen mit dem eigentlichen Geschäftsgewinn das steuerbare und grossenteils auch AHV-pflichtige Gesamteinkommen aus selbständiger Tätigkeit (siehe dazu den
nachfolgenden Abschnitt «Steuerprogression»). Zudem gelten die
Steuern auf dem Geschäftsgewinn sowie die vom Unternehmer
persönlich abgeschlossenen Unfall- und Krankenkassenprämien
nicht als steuerlich abzugsfähige Geschäftsunkosten. Sie zählen zu
den nicht abzugsfähigen Privataufwendungen, dies im Gegensatz
zur AG oder GmbH.

Steuerprogression

Bei einer Einzelfirma ist der Gesamtgewinn in der Privatsteuererklärung abzurechnen, mit sämtlichen Progressionsnachteilen. Ein
gut verdienender Unternehmer kann mit einer AG oder GmbH den
Gesamtgewinn auf die Gesellschafts- und Privatsteuererklärung
aufteilen bzw. optimieren und somit die Progressionsspitze nach-
haltig brechen, dies getreu dem Motto «2×Fr. 100 000.– zu ver-

steuern ist viel günstiger als 1×Fr. 200 000.–» (siehe dazu auch im
Anhang «Steuerbelastungsvergleich AG/GmbH gegen Einzelfirma»).

Liquidationsgewinnsteuern beim Verkauf

Beim Verkauf einer Einzelfirma sind auf dem dabei realisierten Verkaufsgewinn Liquidationsgewinnsteuern und AHV-Beiträge abzuliefern. Je nach Gewinn und Steuerdomizil werden solche Gewinne mit bis zu 30–40% belastet. Wer bei dieser Gelegenheit zudem
eine bis anhin mehrheitlich geschäftlich genutzte Liegenschaft de-
finitiv ins Privatvermögen überführt, hat bei der direkten Bundessteuer und bei der AHV auf der Differenz zwischen dem Buchwert
(= Bilanzwert laut Buchhaltung) und dem heutigen geschätzten
Verkehrswert weitere allenfalls namhafte Steuer- und AHV-Beiträge abzuliefern.

Kinderzulagen

Bei einer AG/GmbH besteht in jedem Fall ein Anspruch auf Kinderzulagen, bei einer Einzelfirma höchstens bei Unterschreitung
einer gewissen Einkommensstufe (gemäss kantonalen Regelungen). Je nach Anzahl Kinder und kantonaler Beitragshöhe ent-
gehen dem Einzelfirmeninhaber schnell einmal mehrere tausend
Franken.

Beiträge AHV

Die AHV-Beiträge errechnen sich beim Einzelunternehmer auf dem
gesamten Geschäftseinkommen (= Gewinn, Lohn und Zins). Dieser Betrag wird vom Steueramt der AHV-Behörde gemeldet. Auf
dieser Meldung nimmt dann die AHV-Behörde noch folgende Kor-

rekturen vor: Die in Rechnung gestellten AHV-Beiträge werden beim gemeldeten Betrag aufgerechnet, und der (theoretische) Zins auf dem investierten Eigenkapital wird abgezogen. Bei einer AG oder GmbH sind die AHV-Beiträge «nur» auf dem selbst festgelegten Lohn des Unternehmers zu entrichten. Zudem: Dem Einzelfirmeninhaber wird oftmals die Anerkennung durch die AHV-Kasse verweigert. Als selbständig wird nur anerkannt, wer von keinem Arbeitgeber/Auftraggeber betriebswirtschaftlich bzw. arbeitsorganisatorisch abhängig ist und ein spezielles Unternehmerrisiko trägt. Indizien für eine selbständige Tätigkeit sind z. B. eigene Geschäftsräumlichkeiten, evtl. eigenes Personal, eigene Arbeitshilfsmittel (Berufswerkzeuge, Geschäftsfahrzeug usw.), mehrere Kunden und Aufträge usw.

Unfall- und Krankenversicherung

Bei einer Einzelfirma   können die entsprechenden persönlichen Prämien des Unternehmers steuerlich nicht in Abzug gebracht werden.

Betreibung auf Konkurs

Dieser strengen Betreibungsart, die auf das Gesamtvermögen des Schuldners abzielt, sind Schuldner unterworfen, die im Handelsregister eingetragen sind, und zwar als Inhaber einer Einzelfirma, als Mitglied einer Kollektivgesellschaft, als unbeschränkt haftendes Mitglied einer Kommanditgesellschaft oder als geschäftsführendes Mitglied einer GmbH. Sogar wenn der Handelsregistereintrag gelöscht ist, unterliegen die vorgenannten Personen, die handelsamtlich eingetragen waren, während 6 Monaten noch der Konkursbetreibung. Diese Betreibungsart ist jedoch ausgeschlossen für Schulden öffentlich-rechtlicher Art (AHV-Beiträge, Steuern usw.) sowie für periodische Unterhaltsbeiträge (z. B. Alimentenzahlungen).

55

3. Checklisten zur Gründung

3.1 AG

Checkliste zur Gründung

- Wahl der richtigen Rechtsform mit Steuerberatung und -berechnungen im Zusammenhang mit der Gründung.

- Gründungskosten budgetieren.

- Festlegung von Firmenname, Aktienkapital, Aktienaufteilung, Art der Liberierung (Bareinzahlung, Sacheinlage mit oder ohne Liegenschaft, Sachübernahme, Verrechnung), Gründeraktionäre, Verwaltungsrat, Revisionsstelle, Unterschriftsberechtigte, Bankinstitut für Aktieneinzahlungs-Sperrkonto bei Bareinzahlung.

- Abklärung Firmenname beim Eidg. Amt für das Handelsregister.

- Erstellen der Gründungsurkunde, der Statuten, evtl. des Sacheinlagevertrages, evtl. des Gründungsberichtes mit Prüfungsbestätigung usw.

- Einreichung der Gründungsakten beim Handelsregisteramt und beim Notar bzw. bei der Urkundsperson zwecks Vorprüfung.

- Bereinigung der Gründungsakten.

- Eröffnung des Aktieneinzahlungs-Sperrkontos bei Bankinstitut sowie anschliessende Einzahlung des Kapitals mit Einholung der Einzahlungsbescheinigung.

- Annahmeerklärung der Revisionsstelle verlangen.

- Evtl. Domizilhalterbestätigung verlangen (bei c/o-Adresse).

- Erstellen der Handelsregisteranmeldung.

- Negativbescheinigungen I und II erstellen mit evtl. Erklärung über den Wert der Sacheinlage.

- Evtl. Erstellen der Steuererklärung für Abrechnung Emissionsabgabe auf Gründungskapital.
- Organisation Gründungsversammlung.
- Definitive Anmeldung beim Handelsregisteramt und Überwachung des Schweizerischen Handelsamtsblattes (SHAB).
- Veranlassung Freigabe des Aktieneinzahlungsbetrages bei Bankinstitut unter Vorweisung des Handelsregisterauszuges.
- Ausstellung der Aktienzertifikate und Eröffnung des Aktienbuches.

- Falls gegründete AG Angestellte beschäftigt (der Unternehmer selbst gilt ebenfalls als Angestellter, falls er einen Lohn bezieht): Anmeldung und Registrierung bei der zuständigen AHV-Ausgleichskasse und Abschluss der obligatorischen Versicherungen für BVG (Pensionskasse) und UVG (Unfallversicherung).

- Abklären, ob Mehrwertsteuerpflicht gegeben ist. Falls ja: Anmeldung bei der Eidg. Steuerverwaltung Abt. Mehrwertsteuer in Bern vornehmen und vorgängig abklären, ob die Voraussetzungen für die vereinfachten Abrechnungsvarianten (Saldopauschale, Abrechnung bei Geldeingang statt bereits bei Rechnungstellung) gegeben sind und welche Methoden schliesslich für den Betrieb am vorteilhaftesten sind.

- Evtl. innert 30 Tagen Emissionsabgabe an Eidg. Steuerverwaltung einzahlen.

3.2 GmbH

Checkliste zur Gründung

• Wahl der richtigen Rechtsform mit Steuerberatung und -berechnungen im Zusammenhang mit der Gründung.

• Gründungskosten budgetieren.

• Festlegung von Firmenname, Stammkapital, Stammeinlagen, Art der Liberierung (Bareinzahlung, Sacheinlage mit oder ohne Liegenschaft, Sachübernahme, Verrechnung), Gesellschafter, Geschäftsführung, evtl. Kontrollstelle (fakultativ!), Unterschriftsberechtigte, Bankinstitut für Einzahlungs-Sperrkonto bei Bareinzahlung.

• Abklärung Firmenname beim Eidg. Amt für das Handelsregister.

• Erstellen der Gründungsurkunde, der Statuten, evtl. des Sacheinlagevertrages usw.

• Einreichung der Gründungsakten beim Handelsregisteramt und beim Notar bzw. bei der Urkundsperson zwecks Vorprüfung.

• Bereinigung der Gründungsakten.

• Eröffnung des Einzahlungs-Sperrkontos bei Bankinstitut sowie anschliessende Einzahlung des Kapitals mit Einholung der Einzahlungsbescheinigung.

• Annahmeerklärung der evtl. Kontrollstelle (Revisionsstelle) verlangen.

• Evtl. Domizilhalterbestätigung verlangen (bei c/o-Adresse).

• Erstellen der Handelsregisteranmeldung.

• Negativbescheinigungen I und II erstellen mit evtl. Erklärung über den Wert der Sacheinlage.

61

- Evtl. Erstellen der Steuererklärung für Abrechnung Emissions-abgabe auf Gründungskapital.

- Organisation Gründungsversammlung.

- Definitive Anmeldung beim Handelsregisteramt und Überwa-chung des Schweizerischen Handelsamtsblattes (SHAB).

- Veranlassung Freigabe des Einzahlungsbetrages bei Bankinstitut unter Vorweisung des Handelsregisterauszuges.

- Evtl. Beweisurkunde für Stammeinlage errichten (fakultativ) und Eröffnung bzw. Führung des Anteilbuches (obligatorisch).

- Falls gegründete GmbH Angestellte beschäftigt (der Unterneh-mer selbst gilt ebenfalls als Angestellter, falls er einen Lohn bezieht): Anmeldung und Registrierung bei der zuständigen AHV-Ausgleichskasse und Abschluss der obligatorischen Versi-cherungen für BVG (Pensionskasse) und UVG (Unfallversiche-rung).

- Abklären, ob Mehrwertsteuerpflicht gegeben ist. Falls ja: Anmel-dung bei der Eidg. Steuerverwaltung Abt. Mehrwertsteuer in Bern vornehmen und vorgängig abklären, ob die Voraussetzun-gen für die vereinfachten Abrechnungsvarianten (Saldopauscha-le, Abrechnung bei Geldeingang statt bereits bei Rechnungstel-lung) gegeben sind und welche Methoden schliesslich für den Betrieb am vorteilhaftesten sind.

- Evtl. innert 30 Tagen Emissionsabgabe an Eidg. Steuerverwal-tung einzahlen.

3.3 Einzelfirma

Checkliste zur Gründung

• Wahl der richtigen Rechtsform mit Steuerberatung und -berechnungen im Zusammenhang mit der Gründung.

• Gründungskosten budgetieren.

• Festlegung von Firmenname, Unterschriftsberechtigte.

• Evtl. Abklärung Firmenname beim zuständigen kantonalen Handelsregisteramt.

• Einreichen der Handelsregisteranmeldung mit beglaubigter Unterschrift oder persönliche Anmeldungserklärung beim zuständigen kantonalen Handelsregisteramt.

• Überwachung des Schweizerischen Handelsamtsblattes (SHAB).

• Persönliche Anmeldung und Registrierung bei der zuständigen AHV-Ausgleichskasse.

• Falls gegründete Einzelfirma Angestellte beschäftigt: Anmeldung und Registrierung bei der zuständigen AHV-Ausgleichskasse und Abschluss der obligatorischen Versicherungen für BVG (Pensionskasse) und UVG (Unfallversicherung).

• Abklären, ob Mehrwertsteuerpflicht gegeben ist. Falls ja: Anmeldung bei der Eidg. Steuerverwaltung Abt. Mehrwertsteuer in Bern vornehmen und vorgängig abklären, ob die Voraussetzungen für die vereinfachten Abrechnungsvarianten (Saldopauschale, Abrechnung bei Geldeingang statt bereits bei Rechnungstellung) gegeben sind und welche Methoden schliesslich für den Betrieb am vorteilhaftesten sind.

4. Gründungskosten

4.1   AG

minimales Aktienkapital Fr. 100 000.–

Beratungen (z. B. Treuhandgesellschaft)

• für Abklärung Firmenname beim Eidg. Amt für das Handelsregister.

• für Steuerberatung und -berechnungen im Zusammenhang mit der AG-Gründung.

• für Erstellen der Gründungsurkunde, der Statuten, evtl. des Sacheinlagevertrages, evtl. des Gründungsberichtes mit Prüfungsbestätigung usw.

• für Erstellen der Handelsregisteranmeldung.

• für evtl. Erstellen der Steuererklärung für Abrechnung Emissionsabgabe auf Gründungskapital.

• für Negativbescheinigungen und evtl. Erklärung über den Wert der Sacheinlage.

• für Erstellen der Aktienzertifikate und des Aktienbuches.

• für Einreichung der Gründungsakten beim Handelsregisteramt und beim Notariat bzw. bei der Urkundsperson zwecks Vorprüfung.

• für Bereinigung der Gründungsakten.

• für Eröffnung des Aktieneinzahlungskontos und Einholung der Einzahlungsbescheinigung.

• für Annahmeerklärung der Revisionsstelle.

• für evtl. Domizilhalterbestätigung.

• für Organisation Gründungsversammlung.

* für definitive Anmeldung beim Handelsregisteramt und Überwachung des Schweizerischen Handelsamtsblattes.

* für evtl. Optimierungen in Sachen Registrierung/Anmeldung bei AHV und Mehrwertsteuer.

Je nach Komplexität und Arbeitsaufwand, ca.   Fr. 3 000.–

Emissionsabgabe (Stempelsteuer)

* 0% vom Aktienkapital von Fr. 100 000.–   Fr.   -.–
  (seit 1. 1. 1996 Freigrenze bis zu Gründungskapital
  von Fr. 250 000.–)
* 2% auf Aktienkapital und Mehrwert der Sacheinlage,   Fr.   -.–
  pro memoria
  (falls insgesamt höher als Fr. 250 000.–,
  z. B. bei einer Umwandlung)

Handelsregisteramt

* Publikations- und Eintragungsgebühren, mit evtl.
  Zuschlägen für Expressverfahren, Vorprüfung usw., ca. Fr.   900.–

Notar/Urkundsperson

* Beurkundungsgebühren usw., je nach Arbeits-
  aufwand, Tarifordnung und Anzahl Ausfertigungen, ca. Fr.   600.–

Spezialkosten

• Grundbuchgebühren, pro memoria	Fr.	-.–
• Grundstückgewinnsteuer, pro memoria	Fr.	-.–
• Handänderungssteuer, pro memoria	Fr.	-.–
• Liquidationsgewinnsteuer, pro memoria	Fr.	-.–
• Reservebetrag – Rundung	Fr.	-.–

Zusammenfassung (bei Aktienkapital Fr. 100 000.–)

• Beratungen (z. B. Treuhandgesellschaft)	Fr.	3 000.–
• Emissionsabgaben	Fr.	-.–
• Handelsregisteramt	Fr.	900.–
• Notar/Urkundsperson	Fr.	600.–
• Spezialkosten, pro memoria	Fr.	-.–

AG Gründungskosten, ca.   Fr. 4 500.–

69

4. Gründungskosten   AG

Aktienkapital Fr. 500 000.–

Beratungen (z. B. Treuhandgesellschaft)

- gleiche Kosten wie bei minimalem Aktienkapital,
  je nach Komplexität und Arbeitsaufwand, ca.   Fr.   3 000.–

Emissionsabgabe (Stempelsteuer)

- 2% vom Aktienkapital von Fr. 500 000.–   Fr. 10 000.–
- 2% auf Mehrwert Sacheinlage, pro memoria   Fr.   –.–
  (z. B. bei Umwandlung einer Einzelfirma in eine AG)

Handelsregisteramt

- Publikations- und Eintragungsgebühren, mit evtl.
  Zuschlägen für Expressverfahren, Vorprüfung usw., ca. Fr.   1 000.–

Notar/Urkundsperson

- Beurkundungsgebühren usw., je nach Arbeits-
  aufwand, Tarifordnung und Anzahl Ausfertigungen, ca. Fr.   1 500.–

Spezialkosten

• Grundbuchgebühren, pro memoria	Fr.	-.–
• Grundstückgewinnsteuer, pro memoria	Fr.	-.–
• Handänderungssteuer, pro memoria	Fr.	-.–
• Liquidationsgewinnsteuer, pro memoria	Fr.	-.–
• Reservebetrag – Rundung	Fr.	-.–

Zusammenfassung (bei Aktienkapital Fr. 500 000.–)

• Beratungen (z. B. Treuhandgesellschaft)	Fr.	3 000.–
• Emissionsabgaben	Fr.	10 000.–
• Handelsregisteramt	Fr.	1 000.–
• Notar/Urkundsperson	Fr.	1 500.–
• Spezialkosten, pro memoria	Fr.	-.–

AG-Gründungskosten, ca.   Fr. 15 500.–

4.2   GmbH

minimales Stammkapital Fr. 20 000.–

Beratungen (z. B. Treuhandgesellschaft)

- für Abklärung Firmenname beim Eidg. Amt für das Handelsregister.
- für Steuerberatung und -berechnungen im Zusammenhang mit der GmbH-Gründung.
- für Erstellen der Gründungsurkunde, der Statuten, evtl. des Sacheinlagevertrages.
- für Erstellen der Handelsregisteranmeldung.
- für evtl. Erstellen der Steuererklärung für Abrechnung Emissionsabgabe auf Gründungskapital.
- für Negativbescheinigungen und evtl. Erklärung über den Wert der Sacheinlage.
- für Erstellen der evtl. Beweisurkunden und des Anteilbuches.
- für Einreichung der Gründungsakten beim Handelsregisteramt und beim Notariat bzw. bei der Urkundsperson zwecks Vorprüfung.
- für Bereinigung der Gründungsakten.
- für Eröffnung des Sperr-Einzahlungskontos und Einholung der Einzahlungsbescheinigung.
- für evtl. Annahmeerklärung der Kontrollstelle (Revisionsstelle).
- für evtl. Domizilhalterbestätigung.
- für Organisation Gründungsversammlung.

• für definitive Anmeldung beim Handelsregisteramt und Überwachung des Schweizerischen Handelsamtsblattes.

• für evtl. Optimierungen in Sachen Registrierung / Anmeldung bei
AHV und Mehrwertsteuer.

Je nach Komplexität und Arbeitsaufwand, ca.   Fr.   2 500.–

Emissionsabgabe (Stempelsteuer)

• 0% vom Stammkapital von Fr. 20 000.–   Fr.   -.–
(seit 1. 1. 1996 Freigrenze bis zu Gründungskapital
von Fr. 250 000.–)
• 2% auf Stammkapital und Mehrwert der Sacheinlage, Fr.   -.–
pro memoria
(falls insgesamt höher als Fr. 250 000.–, z. B. bei
einer Umwandlung)

Handelsregisteramt

• Publikations- und Eintragungsgebühren, mit evtl.
Zuschlägen für Expressverfahren, Vorprüfung usw., ca. Fr.   900.–

Notar / Urkundsperson

• Beurkundungsgebühren usw., je nach Arbeits-
aufwand, Tarifordnung und Anzahl Ausfertigungen, ca. Fr.   500.–

Spezialkosten

• Grundbuchgebühren, pro memoria	Fr.	–.–
• Grundstückgewinnsteuer, pro memoria	Fr.	–.–
• Handänderungssteuer, pro memoria	Fr.	–.–
• Liquidationsgewinnsteuer, pro memoria	Fr.	–.–
• Reservebetrag – Rundung	Fr.	–.–

Zusammenfassung (bei Stammkapital Fr. 20 000.–)

• Beratungen (z. B. Treuhandgesellschaft)	Fr.	2 500.–
• Emissionsabgaben	Fr.	–.–
• Handelsregisteramt	Fr.	900.–
• Notar / Urkundsperson	Fr.	500.–
• Spezialkosten, pro memoria	Fr.	–.–
GmbH-Gründungskosten, ca.	Fr.	3 900.–

Stammkapital Fr. 500 000.–

Beratungen (z. B. Treuhandgesellschaft)

- gleiche Kosten wie bei minimalem Stammkapital,
  je nach Komplexität und Arbeitsaufwand, ca.   Fr.   3 000.–

Emissionsabgabe (Stempelsteuer)

- 2% vom Stammkapital von Fr. 500 000.–   Fr. 10 000.–
- 2% auf Mehrwert Sacheinlage, pro memoria   Fr.   -.–
  (z. B. bei Umwandlung einer Einzelfirma in eine GmbH)

Handelsregisteramt

- Publikations- und Eintragungsgebühren, mit evtl.
  Zuschlägen für Expressverfahren, Vorprüfung usw., ca. Fr.   1 000.–

Notar/Urkundsperson

- Beurkundungsgebühren usw., je nach Arbeits-
  aufwand, Tarifordnung und Anzahl Ausfertigungen, ca. Fr.   1 500.–

Spezialkosten

- Grundbuchgebühren, pro memoria   Fr.   -.–
- Grundstückgewinnsteuer, pro memoria   Fr.   -.–
- Handänderungssteuer, pro memoria   Fr.   -.–
- Liquidationsgewinnsteuer, pro memoria   Fr.   -.–
- Reservebetrag – Rundung   Fr.   -.–

4. Gründungskosten   GmbH

Zusammenfassung (bei Stammkapital Fr. 500 000.–)

• Beratungen (z. B. Treuhandgesellschaft)	Fr. 3 000.–
• Emissionsabgaben	Fr. 10 000.–
• Handelsregisteramt	Fr. 1 000.–
• Notar/Urkundsperson	Fr. 1 500.–
• Spezialkosten, pro memoria	Fr. -.–
GmbH-Gründungskosten, ca.	Fr. 15 500.–

4.3   Einzelfirma

Kapital frei wählbar

Beratungen (z. B. Treuhandgesellschaft)

• für Abklärung Firmenname beim Kantonalen Handelsregisteramt.
• für Steuerberatung und -berechnungen im Zusammenhang mit der Einzelfirma.
• für Abfassung und Einreichung der Anmeldung beim Handelsregisteramt mit Überwachung des Schweizerischen Handelsamtsblattes.
• für evtl. Optimierungen in Sachen Registrierung/Anmeldung bei AHV und Mehrwertsteuer.

Je nach Komplexität und Arbeitsaufwand, ca.   Fr.   500.–

Emissionsabgabe (Stempelsteuer)

• in jedem Fall keine Emissionsabgabe   Fr.   -.–

Handelsregisteramt

• Publikations- und Eintragungsgebühren mit Beglaubigung Unterschrift usw., ca.   Fr.   200.–

Notar/Urkundsperson

• keine Beurkundungsgebühren   Fr.   -.–

Spezialkosten

• keine Grundbuchgebühren	Fr.	-.–
• keine Grundstückgewinnsteuer	Fr.	-.–
• keine Handänderungssteuer	Fr.	-.–
• keine Liquidationsgewinnsteuer	Fr.	-.–
• Reservebetrag – Rundung	Fr.	-.–

Zusammenfassung (Kapital frei wählbar)

• Beratungen (z. B. Treuhandgesellschaft)	Fr.	500.–
• Emissionsabgabe: in jedem Fall keine	Fr.	-.–
• Handelsregisteramt	Fr.	200.–
• Notar/Urkundsperson	Fr.	-.–
• Spezialkosten, pro memoria	Fr.	-.–
Einzelfirma-Gründungskosten, ca.	Fr.	700.–

4.4   Vergleich Gründungskosten

AG-Gründungskosten

• bei minimalem Aktienkapital Fr. 100 000.–	Fr. 4 500.–
• bei Aktienkapital Fr. 500 000.–	Fr. 15 500.–

GmbH-Gründungskosten

• bei minimalem Stammkapital Fr. 20 000.–	Fr. 3 900.–
• bei Stammkapital Fr. 500 000.–	Fr. 15 500.–

Einzelfirma-Gründungskosten

• bei Eigenkapital z. B. Fr. 20 000.–	Fr. 700.–
• bei Eigenkapital z. B. Fr. 500 000.–	Fr. 700.–

5. Anhang

5.1 Fragebogen für AG-Gründung

Firma (Name): _____

Sitz: _____

Adresse/Domizil: _____

_____

Eigene Büros: ja ☐   nein ☐   wenn nein, c/o-Domizil bei:

_____

Hauptzweck
laut Statuten: _____

_____

Aktienkapital: in Fr.: _____

davon einbezahlt in Fr.: _____

eingeteilt in ____ Namenaktien zu je Fr.: _____

eingeteilt in ____ Inhaberaktien zu je Fr.: _____

Gründer Nr. 1:
(mind. 3 Gründer)

Name, Vorname: _____

Heimatort/Staatsangehörigkeit: _____

Geburtsdatum: _____

Wohnort mit Adresse: _____

Übernimmt ____ Aktien zu je Fr.: ____ Total Fr.: _____

Funktion im Verwaltungsrat: _____

Unterschriftsberechtigung: einzeln ☐   kollektiv zu zweien ☐

Gründer Nr. 2:

Name, Vorname: _____

Heimatort/Staatsangehörigkeit: _____

Geburtsdatum: _____

Wohnort mit Adresse: _____

Übernimmt ____ Aktien zu je Fr.: ____ Total Fr.: _____

83

Funktion im Verwaltungsrat: _____

Unterschriftsberechtigung: einzeln ☐   kollektiv zu zweien ☐

Gründer Nr. 3:   Name, Vorname: _____

Heimatort/Staatsangehörigkeit: _____

Geburtsdatum: _____

Wohnort mit Adresse: _____

Übernimmt ____ Aktien zu je Fr.: ____ Total Fr.: _____

Funktion im Verwaltungsrat: _____

Unterschriftsberechtigung: einzeln ☐   kollektiv zu zweien ☐

Bankinstitut für
Kapitaleinzahlung: Name, Adresse: _____

_____

Revisionsstelle: Name, Adresse: _____

_____

Urkunde: Anzahl Exemplare: _____

Handelsregister-
eintrag: normal ☐   Expressverfahren (telegrafisch) ☐

Handelsregister-
auszug: ja ☐   nein ☐   wenn ja, an wen: _____

84

5.2 Fragebogen für GmbH-Gründung

Firma (Name): _____

Sitz: _____

Adresse/Domizil: _____
_____

Eigene Büros: ja ☐   nein ☐   wenn nein, c/o-Domizil bei:
_____

Hauptzweck
laut Statuten: _____
_____

Stammkapital: in Fr.: _____

davon einbezahlt in Fr.: _____

Gründer Nr. 1:   Name, Vorname: _____
(mind. 2 Gründer)   Heimatort/Staatsangehörigkeit: _____

Geburtsdatum: _____

Wohnort mit Adresse: _____

Übernimmt Stammanteil zu Fr.: _____

Geschäftsführer: ja ☐   nein ☐

Unterschriftsberechtigung: einzeln ☐   kollektiv zu zweien ☐

Gründer Nr. 2:   Name, Vorname: _____

Heimatort/Staatsangehörigkeit: _____

Geburtsdatum: _____

Wohnort mit Adresse: _____

Übernimmt Stammanteil zu Fr.: _____

Geschäftsführer: ja ☐   nein ☐

Unterschriftsberechtigung: einzeln ☐   kollektiv zu zweien ☐

5. Anhang   Fragebogen GmbH

Bankinstitut für Kapitaleinzahlung:	Name, Adresse: _____
Kontrollstelle: (falls vorgesehen)	Name, Adresse: _____
Urkunde:	Anzahl Exemplare: _____
Handelsregister-eintrag:	normal ☐ Expressverfahren (telegrafisch) ☐
Handelsregister-auszug:	ja ☐ nein ☐ wenn ja, an wen: _____

86

5.3 Muster Anfrage ans Handelsregisteramt

Beraten heisst das Ganze sehen.

Beeler + Beeler Treuhand AG
Lettenstrasse 7–9, Postfach 65
CH-6343 Rotkreuz/Zug

Telefon 041-790 43 43
Telefax 041-790 14 51
MWSt-Nr. 329 033

Eidg. Amt für das
Handelsregister
Bundesgasse 32
3003 Bern

Rotkreuz/Zug, 8. Oktober 1997 AB/se

Fritz Beispiel AG (SA) (Ltd.)

Sehr geehrte Damen und Herren

Es wird die Gründung einer Aktiengesellschaft mit der Firmenbezeichnung „Fritz Beispiel AG" (SA) (Ltd.) mit Sitz in Cham (Kt. Zug) ge-
plant. Wir bitten Sie, uns mitzuteilen, ob eine gleichlautende oder
eine ähnlich lautende Firma bereits eingetragen ist und ob Sie diese
Firmenbezeichnung akzeptieren können.

Als Zweck ist in den Statuten die Planung und Ausführung von Sani-
tär- und Heizungsanlagen sowie der Handel mit und die Vermittlung
von dazugehörenden Produkten vorgesehen.

Für Ihre geschätzten Bemühungen sowie Ihren möglichst baldigen Bericht sind wir Ihnen sehr zu Dank verpflichtet.

Mit freundlichen Grüssen
Beeler+Beeler Treuhand AG

Adolf Beeler

87

5.4 Öffentliche Urkunde über die Gründung der Fritz Beispiel AG (SA) (Ltd.)

Aktiengesellschaft mit Sitz in Cham

Vor dem Unterzeichneten, Dr. iur. Marco Moser, Rechtsanwalt und Urkundsperson in Zug, sind heute zum Zwecke der Errichtung einer öffentlichen Urkunde für die Gründung einer Aktiengesellschaft erschienen:

1. Fritz Beispiel,   von Ruswil,
                        in Cham, Dorfstrasse 35
2. Claudia Beispiel, von Ruswil,
                        in Cham, Dorfstrasse 35
3. Max Beispiel,   von Ruswil,
                        in Zug, Bahnhofstrasse 12

Die Urkundsparteien erklären:

I. Belege

Es liegen uns die folgenden Belege vor:
- Statutenentwurf vom heutigen Datum,
- Bescheinigung der Credit Suisse, Zug, über die Bareinzahlung von Fr. 100 000.– zur vollen Liberierung der versprochenen Einlagen bzw. des Ausgabebetrages,
- Annahmeerklärung der Muster Revisions AG, Zug, bezüglich Übernahme des Mandates als Revisionsstelle.

88

II. Gründung

Wir gründen unter der Firma «Fritz Beispiel AG» (SA) (Ltd.) eine Aktiengesellschaft mit Sitz in Cham.
Die Gesellschaft bezweckt die Planung und Ausführung von Sanitär- und Heizungsanlagen sowie den Handel mit und die Vermittlung von dazugehörenden Produkten.
Die Gesellschaft kann im In- und Ausland Zweigniederlassungen errichten, sich an anderen Unternehmungen im In- und Ausland beteiligen, gleichartige oder verwandte Unternehmungen erwerben oder errichten sowie alle Geschäfte tätigen, die geeignet sind, den Zweck der Gesellschaft zu fördern.
Die Gesellschaft kann ferner Grundstücke erwerben, verwalten und veräussern sowie Urheberrechte, Patente und Lizenzen aller Art erwerben, verwalten und veräussern.

III. Statuten

Wir genehmigen die Statuten der Gesellschaft mit dem Wortlaut, wie er in dem der gegenwärtigen Urkunde als Bestandteil beigehefteten Exemplar enthalten ist. Wir erklären, dass wir die Statuten gelesen haben und dass sie unseren Willen enthalten. Wir erheben sie zum definitiven Statut der Gesellschaft und unterzeichnen sie als deren Gründer.

IV. Aktienkapital

Das Aktienkapital der Gesellschaft beträgt Fr. 100 000.–, eingeteilt in 100 auf den Namen lautende Aktien von nominell je Fr. 1000.–, welche zum Ausgabebetrag von Fr. 1000.– je Aktie wie folgt gezeichnet werden:

1. Fritz Beispiel	98	Aktien
2. Claudia Beispiel	1	Aktie
3. Max Beispiel	1	Aktie
Total	100	Aktien

Jeder Gründer verpflichtet sich hiermit bedingungslos, die dem Ausgabebetrag seiner von ihm gezeichneten Aktien entsprechende Einlage zu leisten.

V. Liberierung

Es sind folgende Einlagen geleistet worden:
Fr. 100 000.– in Geld, durch Hinterlegung bei der Credit Suisse, Zug, als dem Bundesgesetz über die Banken und Sparkassen unterstelltes Institut, gemäss dessen vorliegender schriftlicher Bescheinigung zur ausschliesslichen Verfügung.

Dadurch sind die dem Ausgabebetrag aller Aktien entsprechenden Einlagen vollständig erbracht.

VI. Feststellungen

Wir stellen fest, dass
1. sämtliche Aktien gültig gezeichnet sind;
2. die versprochenen Einlagen dem gesamten Ausgabebetrag entsprechen;
3. die gesetzlichen und statutarischen Anforderungen an die Leistung der Einlagen erfüllt sind.

VII. Wahlen

A. Verwaltungsrat
Es wird beschlossen, den Verwaltungsrat für die Dauer von einem Jahr zu bestellen.
Als einziges Mitglied wird einstimmig gewählt:
Fritz Beispiel, von Ruswil, in Cham, Dorfstrasse 35
Der Gewählte erklärt hiermit Annahme der Wahl.

B. Revisionsstelle
Es wird beschlossen, die Revisionsstelle für die Dauer von einem Jahr zu bestellen, und es wird einstimmig gewählt:
Muster Revisions AG, Zug
Eine schriftliche Annahmeerklärung liegt vor.

VIII. Vertretung, Domizil

Der soeben als einziges Mitglied des Verwaltungsrates ernannte Gründer erklärt:
– Fritz Beispiel ist einziges Mitglied des Verwaltungsrates mit Einzelunterschrift.
– Das Domizil befindet sich an der Zugerstrasse 40, 6330 Cham (eigenes Geschäftsbüro bzw. -lokal).

IX. Eintrag ins Handelsregister

1. Abschliessend erklären wir die Gesellschaft den gesetzlichen Vorschriften entsprechend als gegründet.
2. Der Verwaltungsrat hat die Gesellschaft zur Eintragung ins Handelsregister anzumelden.
3. Die vorliegende Urkunde (unter Beilage der Belege) wird 7fach ausgefertigt:

– 1 Exemplar für das Handelsregisteramt
– 1 Exemplar für die Urkundsperson
– 1 Exemplar für die Eidg. Steuerverwaltung
   (sofern Aktienkapital Fr. 250 000.– übersteigt)
– 1 Exemplar für die Revisionsstelle
– 3 Exemplare für die Gründeraktionäre

Zug, den 15. Oktober 1997

Die Gründer:

_____   _____
Fritz Beispiel   Claudia Beispiel

_____
Max Beispiel

Öffentliche Beurkundung

Ich, Dr. iur. Marco Moser, Rechtsanwalt und Urkundsperson des Kantons Zug, in Zug, beurkunde öffentlich:
1. Diese Urkunde entspricht dem mir mitgeteilten Willen der Parteien und ist von den Parteien vor mir unterzeichnet worden.
2. Ich bescheinige, dass die in der Urkunde genannten Belege mir und den Gründern im Original vorgelegen haben.

Zug, den 15. Oktober 1997

Die Urkundsperson:

5.5 Öffentliche Urkunde über die Gründung der Walter Muster GmbH

Gesellschaft mit beschränkter Haftung mit Sitz in Schwyz

Vor dem Unterzeichneten, Dr. iur. Marco Moser, Rechtsanwalt und Urkundsperson in Zug, sind heute zum Zwecke der Errichtung einer öffentlichen Urkunde für die Gründung einer Gesellschaft mit beschränkter Haftung erschienen:

1. Walter Muster,   von Volketswil ZH,
                    in Schwyz, Rosenweg 8
2. Barbara Muster,   von Volketswil ZH,
                    in Schwyz, Rosenweg 8

Zu diesem Zweck legen die Gründer der unterzeichneten Urkundsperson die folgenden Akten vor:
1. Statutenentwurf vom heutigen Datum,
2. Bescheinigung der Sparkasse Schwyz, Schwyz, darüber, dass das Gesellschaftskapital in der Höhe von Fr. 20 000.– voll einbezahlt ist und zur freien Verfügung der Gesellschaft steht.

Aufgrund einer sorgfältigen Prüfung dieser Belege habe ich festgestellt, dass alle gesetzlichen Voraussetzungen für die von den Gründern gewünschte Gründung einer Gesellschaft mit beschränkter Haftung erfüllt sind.
Ich gebe daher dem mir von den Gründern mitgeteilten Gründungswillen die gesetzlich vorgeschriebene Form und beurkunde aufgrund der von mir gemachten Wahrnehmungen und Feststellungen:

I. Die anwesenden Gründer erklären:

1. Gründung

a) Wir gründen unter der Firma

Walter Muster GmbH

eine Gesellschaft mit beschränkter Haftung mit Sitz in Schwyz. Domizil der Gesellschaft ist Kirchstrasse 14, 6430 Schwyz (eigenes Büro- bzw. Geschäftslokal).

b) Das Stammkapital der Gesellschaft beträgt Fr. 20 000.– und wird von uns wie folgt übernommen:

Walter Muster, Schwyz	Fr. 13 000.–
Barbara Muster, Schwyz	Fr. 7 000.–
Total	Fr. 20 000.–

c) Diese Gründung stützt sich auf die unter Ziffer 1 und 2 des Ingresses aufgeführten Belege, welche zu integrierenden Bestandteilen dieser Urkunde erklärt werden.

d) Wir genehmigen die Statuten der Gesellschaft mit dem Wortlaut, wie er in dem der gegenwärtigen Urkunde als Bestandteil beigehefteten Exemplar enthalten ist. Insbesondere genehmigen wir einstimmig in separater Beschlussfassung Art. 27 der Statuten über die beabsichtigte Sachübernahme. Wir erklären, dass wir die Statuten gelesen haben und dass sie unseren Willen enthalten. Wir erheben sie zum definitiven Statut der Gesellschaft und unterzeichnen sie als deren Gründer.

2. Wahlen

Als Geschäftsführer bestellen wir:
Walter Muster, von Volketswil ZH, in Schwyz, Rosenweg 8
und
Barbara Muster, von Volketswil ZH, in Schwyz, Rosenweg 8
Beide erklären die Annahme des Mandates zu Protokoll.

3. Vertretung
Die beiden vorgenannten Geschäftsführer führen Einzelunterschrift.

II. Die Gesellschafter bestätigen aufgrund der vorgenannten Belege:

1. dass sie sämtliche Stammeinlagen der Gesellschaft übernommen haben,
2. dass diese Stammeinlagen zu 100% liberiert sind, und zwar durch Barzahlung
   a) von Walter Muster, Schwyz   Fr.   13 000.–
   b) von Barbara Muster, Schwyz   Fr.   7 000.–
   Total   Fr.   20 000.–
3. dass dieser Betrag von Fr. 20 000.– zur freien Verfügung der Gesellschaft steht.

Diese Neugründung ist von den beiden Geschäftsführern in das Handelsregister des Kantons Schwyz eintragen und veröffentlichen zu lassen. Die beiden Geschäftsführer sind ermächtigt, allfällig sich ergebende Änderungen formeller Natur an den Statuten von sich aus anzubringen.
Die vorliegende Urkunde (unter Beilage der Belege) wird 6fach ausgefertigt:

– 1 Exemplar für das Handelsregisteramt
– 1 Exemplar für die Urkundsperson
– 1 Exemplar für die Eidg. Steuerverwaltung
  (sofern Stammkapital Fr. 250 000.– übersteigt)
– 2 Exemplare für die Gesellschafter
– 1 Exemplar für die beauftragte Treuhandstelle

Zug, den 15. Oktober 1997

Die Gesellschafter:

Walter Muster   Barbara Muster

Öffentliche Beurkundung

Ich, Dr. iur. Marco Moser, Rechtsanwalt und Urkundsperson des Kantons Zug, in Zug, beurkunde öffentlich:
1. Diese Urkunde entspricht dem mir mitgeteilten Willen der Parteien und ist von den Parteien vor mir unterzeichnet worden.
2. Ich bescheinige, dass die in der Urkunde genannten Belege mir und den Gründern im Original vorgelegen haben.

Zug, den 15. Oktober 1997

Die Urkundsperson:

5.6 Statuten der Fritz Beispiel AG (SA) (Ltd.)

Aktiengesellschaft mit Sitz in Cham

I. Firma, Sitz, Zweck und Dauer

Art. 1   Firma und Dauer
Unter der Firma «Fritz Beispiel AG» (SA) (Ltd.) besteht eine Aktiengesellschaft auf unbestimmte Dauer.

Art. 2   Sitz
Der Sitz der Gesellschaft befindet sich in Cham.

Art. 3   Zweck
Die Gesellschaft bezweckt die Planung und Ausführung von Sanitär- und Heizungsanlagen sowie den Handel mit und die Vermittlung von dazugehörenden Produkten.
Die Gesellschaft kann im In- und Ausland Zweigniederlassungen errichten, sich an anderen Unternehmungen im In- und Ausland beteiligen, gleichartige oder verwandte Unternehmungen erwerben oder errichten sowie alle Geschäfte tätigen, die geeignet sind, den Zweck der Gesellschaft zu fördern.
Die Gesellschaft kann ferner Grundstücke erwerben, verwalten und veräussern sowie Urheberrechte, Patente und Lizenzen aller Art erwerben, verwalten und veräussern.

II. Aktienkapital, Aktienbuch, Aktionäre

Art. 4   Aktienkapital
Das Aktienkapital der Gesellschaft beträgt Fr. 100 000.–, eingeteilt in 100 auf den Namen lautende Aktien von nominell je Fr. 1000.–,

welche vollständig in bar einbezahlt sind. Die Gesellschaft kann den Aktionären anstelle von Aktien Zertifikate ausgeben, welche vom Präsidenten oder einzigen Mitglied des Verwaltungsrates zu unterzeichnen sind.

Art. 5   Aktienbuch

Als Aktionär gilt, wer im Aktienbuch als Aktionär eingetragen ist. Die Eigentümer und Nutzniesser der Aktien werden mit Namen und Adressen in das Aktienbuch eingetragen. Ist die Eintragung eines Erwerbers aufgrund falscher Angaben erfolgt, kann dieser nach Anhörung gestrichen werden.

Jeder Aktionär hat der Gesellschaft sein Domizil und allfällige Domizilwechsel zur Eintragung ins Aktienbuch zu melden. Alle Mitteilungen der Gesellschaft an die Aktionäre erfolgen rechtsgültig durch eingeschriebenen Brief an die letztgemeldete Adresse der Aktionäre.

Art. 6   Übertragungsbeschränkung

Die Übertragung von Aktien bedarf in jedem Fall der Bewilligung der Gesellschaft. Diese kann verweigert werden, wenn die Gesellschaft, andere Aktionäre oder vom Verwaltungsrat vorgeschlagene Dritte dem verkaufswilligen Aktionär die Aktien zum tatsächlichen Wert abkaufen.

Die Bewilligung kann ferner verweigert werden, wenn der Käufer nicht eine Erklärung abgibt, dass er die Aktien im eigenen Namen und auf eigene Rechnung erwirbt.

Sie kann ebenso aus wichtigem Grund verweigert werden. Als solcher gilt:

- wenn der Käufer direkt oder indirekt eine die Gesellschaft konkurrierende Tätigkeit ausübt;
- wenn die Eintragung des Käufers im Aktienbuch objektiv unvereinbar ist mit dem Hauptzweck der Gesellschaft oder wenn sie deren wirtschaftliche Selbständigkeit gefährden würde.

Beim Erwerb von Aktien kraft Güter- oder Erbrecht oder Zwangs-
vollstreckung kann das Gesuch um Eintragung ins Aktienbuch nur
dann abgelehnt werden, sofern dem Erwerber die Aktien zum
tatsächlichen Wert abgekauft werden.

III. Organe der Gesellschaft

Art. 7   Organe
Die Gesellschaft hat folgende Organe:
a) Die Generalversammlung
b) Den Verwaltungsrat
c) Die Revisionsstelle

a) Die Generalversammlung

*Art. 8   Ordentliche und ausserordentliche
            Generalversammlung*
In die Kompetenz der Generalversammlung fällt die Behandlung
sämtlicher Geschäfte, die ihr durch Gesetz oder Statuten zugewie-
sen sind und die nicht gesetzlich zwingend von anderen Organen
der Gesellschaft behandelt werden müssen.
Die ordentliche Generalversammlung findet jährlich einmal innerhalb von sechs Monaten nach Abschluss des Geschäftsjahres
statt.
Ausserordentliche Generalversammlungen finden auf Beschluss
des Verwaltungsrates statt oder wenn Aktionäre, die mindestens
zehn Prozent des Aktienkapitals vertreten, vom Verwaltungsrat die
Durchführung einer ausserordentlichen Generalversammlung beantragen.

Art. 9   Einberufung der Generalversammlung
Die Generalversammlung wird vom Verwaltungsrat oder von den
im Gesetz bezeichneten Organen und Personen einberufen.

Die Einberufung hat spätestens zwanzig Tage vor dem Versammlungstag durch eingeschriebenen Brief an die im Aktienbuch registrierten Aktionäre zu erfolgen.
In der Einberufung sind die Traktanden sowie die Anträge des Verwaltungsrates und der Aktionäre mitzuteilen, welche die Durchführung einer Generalversammlung beantragt haben.
Die Einladungen zur ordentlichen Generalversammlung haben den Hinweis zu enthalten, dass der Geschäfts- und der Revisionsstellenbericht sowie die Anträge der Verwaltung über die Verwendung des Reingewinnes den Aktionären am Sitz der Gesellschaft und bei allfälligen Zweigniederlassungen zur Einsicht aufliegen.

Art. 10   Generalversammlung als Universalversammlung
Falls kein Widerspruch erhoben wird, können die Eigentümer oder Vertreter sämtlicher Aktien eine Generalversammlung ohne Einhaltung der für die Einberufung vorgeschriebenen Formvorschriften abhalten.
In dieser Universalversammlung kann über alle in den Geschäftsbereich der Generalversammlung fallenden Gegenstände gültig verhandelt und Beschluss gefasst werden, solange die Eigentümer oder Vertreter sämtlicher Aktien anwesend sind.

Art. 11   Stimmrecht und Vertretung
An der Generalversammlung sind die im Aktienbuch eingetragenen Aktionäre stimmberechtigt. Jede Aktie gibt Anrecht auf eine Stimme. Jeder Aktionär kann sich nötigenfalls durch einen anderen Aktionär vertreten lassen.

Art. 12   Beschlussfassungen und Wahlen
Die Beschlüsse und Wahlen der Generalversammlung werden mit der absoluten Mehrheit der anwesenden und vertretenen Aktienstimmen gefasst, soweit das Gesetz oder die Statuten nicht zwingend eine qualifizierte Mehrheit vorschreiben. In der Regel geschehen Beschlussfassungen und Wahlen in offener Abstimmung.

Die Generalversammlung kann jedoch auf Antrag einzelne Geschäfte in geheimer Abstimmung beschliessen.

Art. 13   Durchführung der Generalversammlung, Protokoll
Die Versammlung wird durch den Präsidenten oder den Vizepräsidenten oder durch das einzige Mitglied des Verwaltungsrates geleitet. Bei deren Verhinderung wählt die Versammlung einen Tagespräsidenten.
Der Verwaltungsrat sorgt für die fachgerechte Führung des Protokolls. Der Vorsitzende bestimmt aus den Reihen der Anwesenden den Protokollführer und die Stimmenzähler, die nicht Aktionäre der Gesellschaft sein müssen. Das Protokoll der Generalversammlung ist vom Vorsitzenden und vom Protokollführer zu unterzeichnen.

b) Der Verwaltungsrat

Art. 14   Zusammensetzung, Amtsdauer, Wiederwahl
Der Verwaltungsrat besteht aus einem oder mehreren Mitgliedern. Als Verwaltungsräte sind nur Aktionäre der Gesellschaft wählbar. Die Amtsdauer beträgt maximal drei Jahre. Wiederwahl ist statthaft. Die Wahlperiode endigt mit dem Tage der jeweiligen ordentlichen Generalversammlung. Werden während einer Amtsdauer Ersatzwahlen getroffen, so vollenden die Neugewählten die Amtsdauer ihrer Vorgänger.

Art. 15   Wahl, Konstituierung
Der Präsident des Verwaltungsrates wird durch die Generalversammlung gewählt. Im übrigen konstituiert der Verwaltungsrat sich selbst.

Art. 16   Vertretung
Der Verwaltungsrat vertritt die Gesellschaft nach aussen gemäss Eintrag im Handelsregister.

Art. 17   Einberufung der Sitzungen, Protokoll

Sitzungen des Verwaltungsrates werden vom Präsidenten einberufen, sooft es die Geschäfte erfordern. Jedes Mitglied kann schriftlich die Einberufung einer Sitzung beantragen.

Verlangt ein Mitglied die Einberufung einer Sitzung, stellt es dem Präsidenten den Antrag unter Angabe der Gründe, weshalb eine Sitzung einberufen werden soll. Der Präsident ruft diesfalls innerhalb 20 Tagen nach Erhalt des Antrages eine Sitzung ein.

Über die Sitzung ist ein Protokoll zu führen. Der Protokollführer wird vom Präsidenten bestimmt und braucht weder Verwaltungsrat noch Aktionär der Gesellschaft zu sein. Das Protokoll der Verwaltungsratssitzung ist vom Präsidenten und vom Protokollführer zu unterzeichnen.

Art. 18   Beschlussfassung

Der Verwaltungsrat ist beschlussfähig, wenn die Mehrheit seiner Mitglieder anwesend ist. Beschlüsse werden mit der Mehrheit der abgegebenen Stimmen gefasst. Bei Stimmengleichheit hat der Präsident den Stichentscheid.

Beschlüsse des Verwaltungsrates können auch auf dem Zirkulationswege gefasst werden, jedoch nur mit absoluter Mehrheit aller Mitglieder.

Art. 19   Aufgaben, Befugnisse, Kompetenzdelegation

Die Oberleitung der Gesellschaft hat der Verwaltungsrat inne. Er übt die Aufsicht und Kontrolle über die Geschäftsführung aus. Ferner legt er die Organisation fest und erlässt verbindliche Richtlinien für die Geschäftspolitik.

Alle Geschäfte, die nicht durch das Gesetz oder die Statuten einem anderen Organ vorbehalten sind, fallen in die Kompetenz des Verwaltungsrates. Insbesondere sind dies die folgenden Aufgaben:

– die Oberaufsicht über die mit der Geschäftsführung betrauten Personen sowie deren Ernennung und Abberufung;

– Finanzkontrolle, Finanzplanung und Ausgestaltung des Rechnungswesens;

– Ausfertigung des Jahresberichtes sowie die Vorbereitung und Durchführung der Generalversammlung;
– die Benachrichtigung des Richters im Falle der Überschuldung gemäss OR Art. 725 Abs. 2;
– Beschlussfassung über die nachträgliche Leistung von Einlagen auf nicht voll liberierte Aktien;
– Beschlüsse zur Feststellung von Kapitalerhöhungen und daraus folgende Statutenänderungen.

Der Verwaltungsrat kann die Geschäftsführung ganz oder zum Teil an einen Ausschuss, an einzelne Mitglieder oder an Dritte übertragen. Er erlässt in diesem Fall ein Organisationsreglement, in welchem die delegierten Aufgaben, die zuständigen Stellen und die Berichterstattung geregelt sind.

Art. 20   Rechte und Pflichten der Verwaltungsräte
Jedes Mitglied des Verwaltungsrates hat das Recht, nach Massgabe von Art. 715a OR, Auskunft über alle Angelegenheiten der Gesellschaft zu verlangen. Der Verwaltungsrat hat die Geschäftsführung mit der gebotenen Sorgfalt wahrzunehmen und die Interessen der Gesellschaft in guten Treuen zu wahren.

c) Die Revisionsstelle

Art. 21   Zusammensetzung, Befähigung
Die Generalversammlung wählt einen oder mehrere unabhängige Revisoren als Revisionsstelle. Als Revisionsstelle können auch Handelsgesellschaften gewählt werden. Die Revisoren müssen befähigt sein, ihre Aufgabe zu erfüllen.

Art. 22   Amtsdauer, Wiederwahl
Die Amtsdauer beträgt jeweils ein Jahr. Wiederwahl ist zulässig. Die Wahlperiode endigt mit dem Tage der jeweiligen ordentlichen Generalversammlung. Werden während einer Amtsdauer Er-

103

satzwahlen getroffen, so vollenden die Neugewählten die Amtsdauer ihrer Vorgänger.

Art. 23   Aufgaben
Der Revisionsstelle obliegen die ihr durch das Gesetz übertra-
genen Aufgaben.
Die Generalversammlung kann die Aufgaben und Befugnisse der
Revisionsstelle jederzeit erweitern, doch dürfen der Revisionsstelle keine Aufgaben des Verwaltungsrates übertragen werden oder
solche, die die Unabhängigkeit der Revisionsstelle beeinträchti-
gen.

IV. Geschäftsjahr, Rechnungswesen, Gewinnverteilung

Art. 24   Geschäftsjahr
Das Abschlussdatum für das Geschäftsjahr wird vom Verwaltungsrat festgelegt.

Art. 25   Rechnungswesen, Gewinnverteilung
Die Bücher der Gesellschaft sind nach bewährten kaufmännischen
Grundsätzen zu führen. Die Bilanz und die Erfolgsrechnung sind
unter Beachtung der gesetzlichen Vorschriften aufzustellen.

Vom ausgewiesenen Jahresgewinn sind zunächst 5% dem allgemeinen Reservefonds zuzuweisen, bis dieser die Höhe von 20%
des einbezahlten Aktienkapitals erreicht hat. Der Rest steht unter
Vorbehalt der gesetzlichen Bestimmungen über weitere Zuweisungen an den Reservefonds und unter Vorbehalt von Art. 671 OR zur
freien Verfügung der Generalversammlung.

Die Generalversammlung kann auf Antrag des Verwaltungsrates
ausser den gesetzlichen Reserven die Bildung besonderer Reserven beschliessen, die zu ihrer freien Verfügung bleiben.

V. Statutenänderung und Auflösung

Art. 26   Statutenänderung
Jeder Beschluss der Generalversammlung oder des Verwaltungs-rates über eine Änderung der Statuten muss öffentlich beurkundet werden.

Art. 27   Auflösung
Die Auflösung wird durch den Verwaltungsrat besorgt, sofern sie nicht in den Statuten oder durch Beschluss der Generalversamm-lung anderen Personen übertragen wird.

VI. Publikationsorgan

Art. 28   Bekanntmachungen
Publikationsorgan der Gesellschaft für die öffentlichen Bekannt-machungen ist das Schweizerische Handelsamtsblatt. Mitteilun-gen an die Aktionäre erfolgen durch eingeschriebenen Brief.
Der Verwaltungsrat ist ermächtigt, die weiteren öffentlichen Blät-ter zu bezeichnen, in welchen die von der Gesellschaft ausgehen-den Bekanntmachungen erfolgen sollen.

VII. Gerichtsstand

Art. 29   Gerichtsstand
Für sämtliche Streitigkeiten, die sich im Zusammenhang mit der vorliegenden Gesellschaft ergeben, sind die ordentlichen Gerichte am Sitz der Gesellschaft zuständig.

Die vorstehenden Statuten sind an der Gründungsversammlung vom 15. Oktober 1997 einstimmig angenommen worden.

Zug, den 15. Oktober 1997   Die Gründer:

5.7 Statuten der Walter Muster GmbH

Gesellschaft mit beschränkter Haftung mit Sitz in Schwyz

I. Firma, Sitz, Zweck und Dauer

Art. 1   Firma, Sitz und Dauer
Unter der Firma «Walter Muster GmbH» besteht mit Sitz in Schwyz eine Gesellschaft mit beschränkter Haftung auf unbestimmte Dauer.

Art. 2   Zweck
Die Gesellschaft bezweckt die Führung eines Musikverlages.
Die Gesellschaft kann im In- und Ausland Zweigniederlassungen errichten, sich an anderen Unternehmungen im In- und Ausland beteiligen, gleichartige oder verwandte Unternehmungen erwerben oder errichten sowie alle Geschäfte tätigen, die geeignet sind, den Zweck der Gesellschaft zu fördern.
Die Gesellschaft kann ferner Grundstücke erwerben, verwalten und veräussern sowie Urheberrechte, Patente und Lizenzen aller Art erwerben, verwalten und veräussern.

II. Stammkapital, Stammeinlagen

Art. 3   Stammkapital, Stammeinlagen
Das Stammkapital der Gesellschaft beträgt Fr. 20 000.– (zwanzigtausend Schweizer Franken). Es ist eingeteilt in eine Stammeinlage von Fr. 13 000.– und eine Stammeinlage von Fr. 7000.–.

106

Art. 4   Anteilbuch

Über alle Stammeinlagen wird ein Anteilbuch geführt, aus dem die Namen der Gesellschafter, der Betrag der einzelnen Stammeinlagen, die darauf erfolgten Leistungen sowie jeder Übergang eines Gesellschaftsanteils und jede sonstige Änderung dieser Tatsachen ersichtlich sein müssen. Die Gesellschaft anerkennt nur denjenigen als Gesellschafter, der in ihrem Anteilbuch ordnungsgemäss eingetragen ist. Das Anteilbuch wird von der Geschäftsführung geführt.

Art. 5   Veräusserung der Stammeinlage

Will ein Gesellschafter seinen Gesellschaftsanteil veräussern, so hat er diesen zunächst den übrigen Gesellschaftern zum wirklichen Wert anzubieten. Die übrigen Gesellschafter haben Anspruch auf Erwerb desjenigen Teils der zu veräussernden Stammeinlage, der ihrem bisherigen Gesellschaftsanteil entspricht.

Ist keiner der Gesellschafter zum Erwerb bereit, so kann eine Abtretung an Dritte erfolgen.

Die Veräusserung eines Teiles einer Stammeinlage ist statthaft; jedoch müssen auch diese Teile auf mindestens Fr. 1000.– oder ein Vielfaches davon lauten.

In allen Fällen wird die Übertragung der Stammeinlage oder eines Teiles davon der Gesellschaft gegenüber erst wirksam mit der Eintragung im Anteilbuch.

III. Organisation der Gesellschaft

Art. 6   Organe

Organe der Gesellschaft sind:

a) Die Gesellschafterversammlung

b) Die Geschäftsführung

107

a) Die Gesellschafterversammlung

Art. 7   Gesellschafterversammlung
Die Gesellschafterversammlung ist das oberste Organ der Gesellschaft.
Anstelle der Beschlussfassung in der Versammlung kann für alle Gegenstände die schriftliche Abstimmung angeordnet werden.

Art. 8   Einberufung
Eine Gesellschafterversammlung wird durch die Geschäftsführung alljährlich innerhalb von sechs Monaten nach Schluss des Geschäftsjahres einberufen.
Die Einberufung der Gesellschafterversammlung kann auch von jedem Gesellschafter schriftlich unter Angabe des Zweckes verlangt werden.
Die Einberufung der Versammlung erfolgt schriftlich unter Angabe der Verhandlungsgegenstände und unter Beachtung einer Frist von mindestens 10 Tagen vor der Versammlung.

Art. 9   Universalversammlung
Sämtliche Gesellschafter können, sofern kein Widerspruch erhoben wird, eine Gesellschafterversammlung ohne Einhaltung der für die Einberufung vorgeschriebenen Formvorschriften abhalten. In dieser Versammlung kann über alle in den Kompetenzbereich der Gesellschafterversammlung fallenden Gegenstände gültig verhandelt und Beschluss gefasst werden, solange sämtliche Gesellschafter anwesend sind.

Art. 10   Befugnisse der Gesellschafterversammlung
In die ausschliessliche Kompetenz der Gesellschafterversammlung fallen insbesondere:
– Die Festsetzung und die Änderung der Statuten
– Die Bestellung und Abberufung von Geschäftsführern, Prokuristen und Handlungsbevollmächtigten

– Die Abnahme der Erfolgsrechnung und der Bilanz
– Die Entlastung der Geschäftsführer

Art. 11   Beschlussfassung
In der Gesellschafterversammlung entfällt auf je tausend Franken Stammeinlage eine Stimme.
Die Gesellschafterversammlung ist, soweit eine zwingende Vorschrift des Gesetzes oder dieser Statuten für die Beschlussfassung nicht die Zustimmung eines höheren Quorums oder die Zustimmung aller Gesellschafter verlangt, beschlussfähig, wenn die anwesenden Gesellschafter oder Bevollmächtigten mindestens die Hälfte des Stammkapitals vertreten.
Die Gesellschafterversammlung wählt und fasst ihre Beschlüsse mit der absoluten Mehrheit der anwesenden und vertretenen Stimmen, soweit das Gesetz oder die Statuten für die Beschlussfassung nicht zwingend eine qualifizierte Mehrheit vorschreiben.
Wahl und Beschlussfassung geschehen in der Regel in offener Abstimmung. Die Versammlung kann jedoch auf Antrag für einzelne Geschäfte geheime Abstimmung beschliessen.

Art. 12   Durchführung
Den Vorsitz der Gesellschafterversammlung führt ein Mitglied der Geschäftsführung.
Der Vorsitzende sorgt für die ordnungsgemässe Führung des Protokolls. Er bestimmt aus den Reihen der Anwesenden den Protokollführer und die Stimmenzähler, die nicht Gesellschafter sein müssen. Das Protokoll der Generalversammlung ist vom Vorsitzenden und vom Protokollführer zu unterzeichnen.

b) Die Geschäftsführung

Art. 13   Zusammensetzung, Amtsdauer
Die Leitung der Gesellschaft steht der von der Gesellschafterversammlung auf unbeschränkte Dauer gewählten Geschäftsführung

109

zu. Die Geschäftsführung kann aus einer oder mehreren Personen bestehen. Diese müssen nicht Gesellschafter sein. Wenigstens einer der Geschäftsführer muss in der Schweiz Wohnsitz haben.

Art. 14   Konstituierung
Der Vorsitzende der Geschäftsführung wird durch die Gesellschafterversammlung gewählt. Im übrigen konstituiert sich die Geschäftsführung selbst.

Art. 15   Vertretung
Die Geschäftsführung vertritt die Gesellschaft Dritten gegenüber. Die Zeichnungsberechtigung und die Art der Unterschrift (Einzel- oder Kollektivunterschrift) werden von der Gesellschafterversammlung festgelegt.

Art. 16   Sitzungen, Protokoll
Sitzungen der Geschäftsführung werden vom Vorsitzenden einberufen, sooft es die Geschäfte erfordern. Jedes Mitglied kann schriftlich die Einberufung einer Sitzung verlangen.
Verlangt ein Mitglied die Einberufung einer Sitzung, stellt es dem Vorsitzenden den Antrag unter Angabe der Gründe, weshalb eine Sitzung einberufen werden soll. Der Vorsitzende beruft diesfalls innerhalb 14 Tagen nach Erhalt des Antrages eine Sitzung ein.
Über die Sitzung ist ein Protokoll zu führen. Der Protokollführer wird vom Vorsitzenden bestimmt und braucht weder Geschäftsführer noch Gesellschafter der Gesellschaft zu sein. Das Protokoll der Geschäftsführersitzung ist vom Vorsitzenden und vom Protokollführer zu unterzeichnen.

Art. 17   Beschlussfassung
Die Geschäftsführung ist beschlussfähig, wenn die Mehrheit ihrer Mitglieder anwesend ist.
Beschlüsse werden mit der Mehrheit der abgegebenen Stimmen gefasst. Bei Stimmengleichheit hat der Vorsitzende den Stichentscheid.

Beschlüsse der Geschäftsführung können auch auf dem Zirkulationswege gefasst werden, jedoch nur mit absoluter Mehrheit aller Mitglieder.

Art. 18   Aufgaben und Befugnisse
In die Kompetenz der Geschäftsführung fallen alle Geschäfte, die nicht durch das Gesetz oder die Statuten einem anderen Organ vorbehalten sind.

Art. 19   Pflichten der Geschäftsführung
Die Geschäftsführung hat die Leitung der Gesellschaft mit der gebotenen Sorgfalt wahrzunehmen und die Interessen der Gesellschaft in guten Treuen zu wahren.

IV. Geschäftsjahr, Rechnungswesen, Gewinnverteilung

Art. 20   Geschäftsjahr
Das Abschlussdatum für das Geschäftsjahr wird von der Geschäftsführung festgelegt.

Art. 21   Rechnungswesen, Gewinnverteilung
Die Bücher der Gesellschaft sind nach bewährten kaufmännischen Grundsätzen zu führen. Die Bilanz und die Erfolgsrechnung sind unter Beachtung der gesetzlichen Vorschriften aufzustellen.
Vom ausgewiesenen Jahresgewinn sind zunächst 5% dem allgemeinen Reservefonds zuzuweisen, bis dieser die Höhe von 20% des einbezahlten Stammkapitals erreicht hat. Der Rest steht unter Vorbehalt der gesetzlichen Bestimmungen über weitere Zuweisungen an den Reservefonds und unter Vorbehalt von Art. 805 in Verbindung mit Art. 671 OR zur freien Verfügung der Generalversammlung.
Die Generalversammlung kann auf Antrag der Geschäftsführung ausser den gesetzlichen Reserven die Bildung besonderer Reserven beschliessen, die zu ihrer freien Verfügung bleiben.

V. Statutenänderung und Auflösung

Art. 22   Statutenänderung
Wird eine Statutenänderung beantragt, so ist in der Einladung zur
Gesellschafterversammlung der Text der beantragten Änderung
aufzuführen.

Art. 23   Auflösung
Sofern von der Gesellschafterversammlung, die den Auflösungs-
beschluss fasst, nicht besondere Liquidatoren bestellt werden,
wird die Auflösung durch die zuletzt bestellte Geschäftsführung
durchgeführt.

VI. Bekanntmachungen

Art. 24   Bekanntmachungen
Publikationsorgan der Gesellschaft für die öffentlichen Bekannt-
machungen ist das Schweizerische Handelsamtsblatt. Mitteilun-
gen an die Gesellschafter erfolgen indes durch eingeschriebenen
Brief an die aus dem Anteilbuch ersichtlichen Adressen sämtlicher
Gesellschafter.
Die Geschäftsführung ist ermächtigt, die weiteren öffentlichen
Blätter zu bezeichnen, in welchen die von der Gesellschaft ausge-
henden Bekanntmachungen erfolgen sollen.

VII. Verschwiegenheitspflicht, Schiedsgericht

Art. 25   Verschwiegenheitspflicht
Die Gesellschafter und die Geschäftsführer verpflichten sich, nach
besten Kräften alles zu tun, um die vertraulichen Eigentumsrechte
sowie sämtliche anderen vertraulichen Angelegenheiten der Gesellschaft zu schützen. Sie verpflichten sich, darauf hinzuwirken,
dass die Gesellschaft ihre eigenen vertraulichen Eigentumsrechte

sowie sämtliche anderen vertraulichen Angelegenheiten wahrt und alles tut, was in ihren Kräften steht, um eine unberechtigte Verwendung solcher vertraulichen Eigentumsrechte oder anderer vertraulicher Angelegenheiten zu unterbinden.

Art. 26   Schiedsgericht
Streitigkeiten zwischen Gesellschaftern und der Gesellschaft werden unter Ausschluss der ordentlichen Rechtswege durch ein dreiköpfiges Schiedsgericht entschieden. Jede Partei bezeichnet innert 10 Tagen, nachdem eine Partei von der anderen durch eingeschriebenen Brief schiedsgerichtliche Erledigung einer Differenz verlangt hat, einen Schiedsrichter. Die beiden Schiedsrichter wählen innert weiterer 10 Tagen einen Obmann. Ist eine Partei mit der Bezeichnung eines Schiedsrichters säumig oder können sich die beiden Schiedsrichter über die Wahl des Obmannes nicht einigen, so wird der Schiedsrichter bzw. der Obmann auf Begehren einer bzw. der nichtsäumigen Partei durch den Präsidenten des ordentlichen Gerichtes am Sitz der Gesellschaft bestimmt. Der Obmann bestimmt den Sitz des Schiedsgerichtes. Dieses entscheidet endgültig.

VIII. Beabsichtigte Sachübernahme

Art. 27   Sachübernahme
Die Gesellschaft beabsichtigt, von der im Handelsregister eingetragenen Einzelfirma «Josef Meier, Druck & Verlag», Richterswil, den Bereich Musikverlag mit Warenlager und Kundenstamm zum Höchstpreis von Fr. 70 000.– zu übernehmen.
Die vorstehenden Statuten sind an der Gründungsversammlung vom 15. Oktober 1997 einstimmig angenommen worden.

Zug, den 15. Oktober 1997   Die Gesellschafter:

5.8 Muster der Annahmeerklärung der Revisionsstelle

Beraten heisst das Ganze sehen.

Beeler + Beeler Treuhand AG
Lettenstrasse 7–9, Postfach 65
CH-6343 Rotkreuz/Zug

Telefon 041-790 43 43
Telefax 041-790 14 51
MWSt-Nr. 329 033

Beeler+Beeler
Treuhand AG

An die konstituierende
Generalversammlung der
„Fritz Beispiel AG" (SA) (Ltd.)
Zugerstrasse 40
6330 Cham

Rotkreuz/Zug, 14. Oktober 1997 AB/se

Annahmeerklärung

Sehr geehrte Damen und Herren

Wir bestätigen Ihnen, dass wir gerne bereit und befähigt sind, das
uns zugedachte Mandat der Revisionsstelle gemäss Art. 727 ff OR der

Fritz Beispiel AG

zu übernehmen.

Wir danken für das uns entgegengebrachte Vertrauen und werden uns
bemühen, dieses Mandat zu Ihrer vollen Zufriedenheit auszuführen.

Mit freundlichen Grüssen
Beeler+Beeler Treuhand AG

Adolf Beeler

5.9   Anmeldung für das Handels- register des Kantons Zug

Fritz Beispiel AG (SA) (Ltd.), Sitz: Cham, Domizil: Zugerstrasse 40, 6330 Cham, Aktiengesellschaft (Neueintragung). Statuten: 15. 10. 1997. Zweck: Planung und Ausführung von Sanitär- und Heizungs- anlagen sowie der Handel mit und die Vermittlung von dazu- gehörenden Produkten; kann sich an anderen Unternehmungen im In- und Ausland beteiligen, gleichartige oder verwandte Unterneh- mungen erwerben oder errichten; kann ferner Grundstücke erwer- ben, verwalten und veräussern sowie Urheberrechte, Patente und Lizenzen aller Art erwerben, verwalten und veräussern. Aktien- kapital: Fr. 100 000.–, Liberierung: Fr. 100 000.–, 100 vinkulierte Namenaktien zu Fr. 1000.–. Publikationsorgan: SHAB. Eingetragene Personen: Beispiel, Fritz, Heimat: Ruswil, in Cham, VR-Mitglied mit Einzelunterschrift; Muster Revisions AG, in Zug, Revisionsstelle.

Persönliche Unterschriften aller Verwaltungsräte:

Das einzige Mitglied:

Fritz Beispiel

Firma-Unterschriften:

Fritz Beispiel AG (SA) (Ltd.)

Fritz Beispiel

115

Beglaubigung

Der Unterzeichnete, Dr. iur. Marco Moser, Rechtsanwalt und Urkundsperson des Kantons Zug, beglaubigt hiermit die Echtheit der
umseitig angebrachten Unterschriften von:

Fritz Beispiel, von Ruswil, in Cham

Zug, den 15. Oktober 1997

Die Urkundsperson:

5.10 Anmeldung für das Handelsregister des Kantons Schwyz

Walter Muster GmbH, in Schwyz, Kirchstrasse 14, 6430 Schwyz. Gesellschaft mit beschränkter Haftung (Neueintragung). Statutendatum: 15.10.1997. Zweck: Betrieb eines Musikverlages; kann sich an anderen Unternehmungen im In- und Ausland beteiligen, gleichartige oder verwandte Unternehmungen erwerben oder errichten; kann ferner Grundstücke erwerben, verwalten und veräussern sowie Urheberrechte, Patente und Lizenzen aller Art erwerben, verwalten und veräussern. Stammkapital: Fr. 20 000.–. Die Gesellschaft beabsichtigt, von der im Handelsregister eingetragenen Einzelfirma «Josef Meier, Druck & Verlag», in Richterswil, den Bereich Musikverlag mit Warenlager und Kundenstamm zum Höchstpreis von Fr. 70 000.– zu übernehmen. Mitteilungen an die Gesellschafter durch eingeschriebenen Brief. Publikationsorgan: SHAB. Eingetragene Personen: Walter Muster, von Volketswil ZH, in Schwyz, Gesellschafter und Geschäftsführer mit Einzelunterschrift, mit einer Stammeinlage von Fr. 13 000.–, und Barbara Muster, von Volketswil ZH, in Schwyz, Gesellschafterin und Geschäftsführerin mit Einzelunterschrift, mit einer Stammeinlage von Fr. 7 000.–.

Persönliche Unterschriften aller Geschäftsführer:

_____   _____
Walter Muster   Barbara Muster

Firma-Unterschriften: **Walter Muster GmbH**

_____   _____
Walter Muster   Barbara Muster

Beglaubigung

Der Unterzeichnete, Dr. iur. Marco Moser, Rechtsanwalt und Urkundsperson des Kantons Zug, beglaubigt hiermit die Echtheit der
umseitig angebrachten Unterschriften von:

Walter Muster, von Volketswil ZH, in Schwyz, Rosenweg 8
und
Barbara Muster, von Volketswil ZH, in Schwyz, Rosenweg 8

Zug, den 15. Oktober 1997

Die Urkundsperson:

5.11 Muster Aktienzertifikat

Fritz Beispiel AG

Aktienkapital Fr. **100'000.—** eingeteilt in
100 Namenaktien im Nominalwert von je Fr. **1´000.--**

Aktienzertifikat

Nr.   **1**

über **98** Namenaktien

Nr.   **1**   bis   Nr.   **98**

im Gesamtwert von nominal

Fr. 98'000.--

100 % einbezahlt

**Fritz Beispiel,
von Ruswil, in Cham, Dorfstrasse 35**
ist als Eigentümer dieses Zertifikates mit den darin
bezeichneten Aktien an unserer Aktiengesellschaft
mit allen gesetzlichen und statutarischen Rechten
und Pflichten beteiligt.

Cham, 29. Oktober 1997

Namens des Verwaltungsrates:

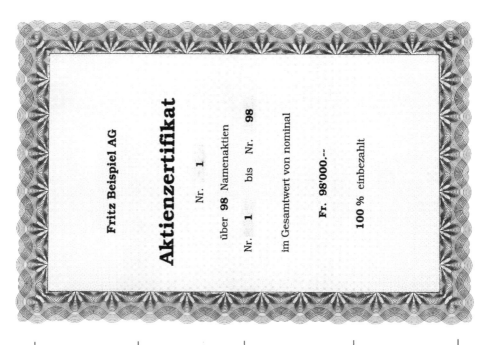

Fritz Beispiel AG

Aktienzertifikat

Nr. **1**

über **98** Namenaktien

Nr. **1** bis Nr. **98**

im Gesamtwert von nominal

Fr. 98'000.--

100 % einbezahlt

Diese Aktien werden mit allen Rechten und Pflichten übertragen an:

    Name und Adresse:

        Datum:

    Unterschrift des Zedenten:

    Visum des Verwaltungsrates:

        Eintrag ins Aktienbuch:

Diese Aktien werden mit allen Rechten und Pflichten übertragen an:

    Name und Adresse:

        Datum:

    Unterschrift des Zedenten:

    Visum des Verwaltungsrates:

        Eintrag ins Aktienbuch:

Diese Aktien werden mit allen Rechten und Pflichten übertragen an:

    Name und Adresse:

        Datum:

    Unterschrift des Zedenten:

    Visum des Verwaltungsrates:

        Eintrag ins Aktienbuch:

Übertragungsbeschränkung:

Die Übertragung der Aktien bedarf der Bewilligung der Gesellschaft gemäss Art. 6 der Statuten vom 15. Oktober 1997.

5.12 Treuhandvereinbarung Mandat Gründungsaktionär («Strohmann»)

zwischen

– Fritz Beispiel, Dorfstrasse 35, 6330 Cham   – Treugeber

und

– Max Beispiel, Bahnhofstrasse 12, 6300 Zug   – Treuhänder

1.
Auf Wunsch des Treugebers tritt der Treuhänder anlässlich der Gründung der **Fritz Beispiel AG** als Gründer auf und zeichnet 1 Namenaktie im Nominalwert von Fr. 1000.–.

2.
Der Treuhänder bestätigt, dass er das Kapital zur Liberierung von Fr. 1000.– für die von ihm zu zeichnende Namenaktie vom Treugeber zur Verfügung gestellt erhält. Der Treuhänder erklärt, an der von ihm zu zeichnenden Aktie keine Rechte, weder ein Vermögensrecht noch ein Gewinnbezugsrecht noch ein Stimmrecht, zu besitzen. Der Treuhänder verpflichtet sich, auf erstes Begehren des Treugebers hin die Namenaktie ausschliesslich persönlich oder einer vom Treugeber bezeichneten Person durch schriftliche Zessionserklärung abzutreten und auszuhändigen. Die Rückgabe der Aktie hat entschädigungs- bzw. kostenlos zu erfolgen.

3.
Der Treugeber sichert dem Treuhänder volle Schadloshaltung zu für den Fall, dass letzterer im Zusammenhang mit der Gründung der **Fritz Beispiel AG** aus der gesetzlichen Gründerhaftung jemals

belangt werden sollte. Ebenso sichert der Treugeber dem Treuhänder volle Schadloshaltung zu für sämtliche Steuern und Kosten, die dem Treuhänder allfällig erwachsen könnten. Der Treugeber hat Kenntnis davon, dass der Treuhänder von den Steuerbehörden verpflichtet werden kann, den tatsächlichen Aktionär zu nennen.

Cham/Zug, den 9. Oktober 1997

Der Treugeber: Der Treuhänder:

_____   _____

Fritz Beispiel   Max Beispiel

5.13 Muster Domizilhalter- Annahmeerklärung bei c/o-Adresse

Beraten heisst das Ganze sehen.

Beeler + Beeler Treuhand AG
Lettenstrasse 7–9, Postfach 65
CH-6343 Rotkreuz/Zug

Telefon 041-790 43 43
Telefax 041-790 14 51
MWSt-Nr. 329 033

An die konstituierende
Generalversammlung der
Hans Muster AG
c/o Beeler+Beeler Treuhand AG
Lettenstrasse 7-9
6343 Rotkreuz

Beeler+Beeler
Treuhand AG

Rotkreuz/Zug, 15. Oktober 1997 AB/se

Domizilhalter-Annahmeerklärung

Sehr geehrte Herren

Wir bestätigen Ihnen, dass wir gerne bereit sind, Ihrer Firma unsere
Adresse als Rechtsdomizil zur Verfügung zu stellen.

Wir danken für das uns entgegengebrachte Vertrauen und werden uns
bemühen, dieses Mandat zu Ihrer vollen Zufriedenheit auszuführen.

Mit freundlichen Grüssen
Beeler+Beeler Treuhand AG

Adolf Beeler

123

5.14 Gebühren für das Handelsregister

Gemäss Eidg. Verordnung über die Gebühren für das Handelsregister werden bei der Neueintragung einer Firma die folgenden Gebühren von den Kantonalen Handelsregisterämtern erhoben:

Grundgebühren

1. Einzelfirmen	Fr.	120.–
2. Kollektiv- und Kommanditgesellschaften	Fr.	240.–
3. Aktiengesellschaften (AG) und Kommanditaktiengesellschaften	Fr.	600.–
4. Gesellschaften mit beschränkter Haftung (GmbH)	Fr.	600.–
5. Genossenschaften	Fr.	400.–
6. Vereine	Fr.	400.–
7. Stiftungen	Fr.	300.–
8. Institute auf Rechnung öffentlicher Gemeinwesen	Fr.	500.–
9. Vertreter von Gemeinderschaften	Fr.	80.–
10. der Nichtkaufmann, der einen Prokuristen bestellt	Fr.	80.–

Zuschläge

1. Beträgt bei den unter den obgenannten Ziffern 3, 4, 5 und 8 aufgeführten juristischen Personen das Grund-, Stamm- oder Dotationskapital mehr als 200 000 Franken, so erhöht sich die Grundgebühr um 0,2 Promille der diesen Betrag übersteigenden Summe, jedoch höchstens bis auf 10 000 Franken.
2. Für jede einzutragende Zeichnungsberechtigung wird zusätzlich eine Gebühr von 30 Franken und für die Eintragung einer Funktion eine Gebühr von 20 Franken erhoben.

3. Für besondere Obliegenheiten in nachstehenden Fällen:
   - für die Abfassung einer Anmeldung 10–100 Franken
   - für die Beglaubigung einer Unterschrift 10 Franken; wenn gleichzeitig die persönliche und die Firmaunterschrift beglaubigt werden, je 10 Franken
   - für die Abweisung einer Anmeldung, wenn sie schriftlich und unter Angabe der Gründe und des Rechtsmittels erfolgt, 50–500 Franken
   - für die Prüfung des Entwurfes eines Handelsregisterbeleges, insbesondere von Statuten, 50–500 Franken
   - für die Beglaubigung oder die Erstellung von Anmeldungsbelegen 10–120 Franken
   - für die Einholung der vorzeitigen Genehmigung der Eintragung beim Eidgenössischen Amt für das Handelsregister 100–200 Franken
   - usw.

Beispiel bei einer AG mit einem Aktienkapital von 100 000 Franken, ein Verwaltungsrat mit Einzelunterschrift, Revisionsstelle:

1. Grundgebühr   Fr.   600.–

2. Zuschläge:
   - kein Zuschlag auf Grundkapital,
     da tiefer als 200 000 Franken   Fr.   -.–
   - Eintragung Verwaltungsrat
     (Funktion und Zeichnungsberechtigung)   Fr.   50.–
   - Eintragung Revisionsstelle (Funktion)   Fr.   20.–
   - Handelsregisterauszug mit telegrafischer
     Ermächtigung (Expressverfahren)   Fr.   130.–
   - Vorprüfung Statuten (je nach Aufwand)   Fr.   100.–
   - kein Zuschlag für Anmeldung, da selber abgefasst   Fr.   -.–

125

– kein Zuschlag für Beglaubigungen, da bereits
  durch Notar bzw. Urkundsperson erledigt   Fr.   -.–

3. Total Gebühren Handelsregisteramt   Fr. 900.–

**Beispiel bei einer GmbH mit einem Stammkapital von
20 000 Franken, zwei Geschäftsführern mit Einzelunterschrift, ohne Revisionsstelle:**

1. Grundgebühr   Fr. 600.–

2. Zuschläge:
   – kein Zuschlag auf Stammkapital,
     da tiefer als 200 000 Franken   Fr.   -.–
   – zwei Eintragungen Geschäftsführer
     (Funktion und Zeichnungsberechtigung)   Fr. 100.–
   – keine Revisionsstelle (Funktion)   Fr.   -.–
   – Handelsregisterauszug mit telegrafischer
     Ermächtigung (Expressverfahren)   Fr. 130.–
   – Vorprüfung Statuten (je nach Aufwand)   Fr. 100.–
   – kein Zuschlag für Anmeldung, da selber abgefasst   Fr.   -.–
   – kein Zuschlag für Beglaubigungen, da bereits
     durch Notar bzw. Urkundsperson erledigt   Fr.   -.–

3. Total Gebühren Handelsregisteramt   Fr. 930.–

126

5.15 Warnung Eidg. Amt für das Handelsregister

Seit einiger Zeit bieten gewisse **private Verlagsfirmen** Angebote zur Eintragung in sogenannte Register für Handel und Gewerbe zu namhaften Preisen an.

Diese privaten Eintragungsofferten werden in der Regel nach einer Publikation mit dem entsprechenden Eintragungstext aus dem Schweizerischen Handelsamtsblatt als «Registerauszug» zugesandt.

Wir machen darauf aufmerksam, dass solche Angebote mit der Amtstätigkeit der Registerbüros nichts zu tun haben und zur Zahlung solcher «Eintragungskosten» **keine Verpflichtung** besteht.

Eidg. Amt für das Handelsregister

5.16 Steuerbelastungsvergleich AG/GmbH gegen Einzelfirma

Neben vielen anderen Kriterien darf die Steuerbelastung bei der Wahl der Unternehmensform nicht vernachlässigt werden. Ein Steuerbelastungsvergleich zwischen der Kapitalgesellschaft (AG/GmbH) gegenüber der Einzelfirma soll einen Überblick ermöglichen, der die richtige Richtung aufzeigt. Dagegen ist es nicht möglich, auf Einzelfälle oder gar auf die unterschiedlichen Belastungen durch einzelne Kantone einzugehen.

Da die Beiträge an die AHV/IV/EO ab einer gewissen Einkommenshöhe nicht mehr rentenbildend sind und damit mindestens teilweise den Charakter von Steuern haben, werden diese Beiträge in die Berechnungen einbezogen.

Einzelfirma

Für die direkten Steuern wird nicht die Einzelfirma besteuert, sondern der Inhaber der Einzelunternehmung. Dieser hat das gesamte Einkommen aus der Firma zu versteuern. Es sind dies:

Einkommen
• Gehalt
• Verzinsung des Eigenkapitals
• Gewinn

Vermögen
• Reinvermögen

Bei der Einzelfirma wird das Einkommen in der Regel im Jahresabschluss nicht in seine Bestandteile zerlegt, sondern im Unternehmensgewinn sind sämtliche Bestandteile enthalten.

128

Die maximalen Steuersätze (inkl. Bund, Kanton, Gemeinde und Kirche) für natürliche Personen betragen, je nach Wohnsitz, ca.:

Einkommen
• AHV/IV/EO-Beiträge   10%
• Steuern   40%

Vermögen
• Steuern   6‰

Kapitalgesellschaft (AG/GmbH)

Kapitalgesellschaften sind selbständige Steuersubjekte, d.h., sie werden als juristische Personen für den Gewinn und das Eigenkapital besteuert. Bei personengebundenen Kapitalgesellschaften wird das Steuersubstrat aufgeteilt auf die Gesellschaft (Reingewinn und Zins des Eigenkapitals) und Gesellschafter (Gehalt, Zins auf den als Darlehen zur Verfügung gestellten Beträgen). Durch diese Aufteilung wird die Progression gebrochen, was je nach den Verhältnissen eine starke Entlastung ergibt.
Schüttet die Kapitalgesellschaft ihre Gewinne als Dividende an die Gesellschafter aus, so müssen diese ein zweites Mal versteuert werden, was zur sogenannten wirtschaftlichen Doppelbesteuerung führt. Nicht vergessen werden darf die Tatsache, dass auch in bezug auf das Kapital bzw. Vermögen eine Doppelbesteuerung stattfindet, indem die Gesellschaft die Kapitalsteuer zu bezahlen hat und der Gesellschafter die Vermögenssteuer auf seiner Beteiligung.

Die maximalen Steuersätze (inkl. Bund, Kanton, Gemeinde und Kirche) für Kapitalgesellschaften betragen, je nach Sitzkanton, ca.:

• auf dem Gewinn   28%[1]
• auf dem Kapital   5‰

[1] siehe Anmerkung auf Seite 130

Vergleich an einem Beispiel:

Grunddaten Einzelfirma

• Reingewinn (vor Belastung der AHV-Beiträge)	Fr. 250 000.–
• AHV-Beiträge 10% von Fr. 202 000.– [2]	– 20 200.–
• Steuerbar	Fr. 229 800.–
• Reinvermögen	Fr. 800 000.–

Grunddaten Kapitalgesellschaft

1. Gesellschaft (AG oder GmbH)

• Reingewinn (wie Einzelfirma)	Fr. 250 000.–
• Gehalt des Beteiligten	– 125 000.–
• AHV-Beiträge Arbeitgeber auf dem Gehalt 6%	– 7 500.–
• Darlehenszins (6% von Fr. 500 000.–)	– 30 000.–
• Reingewinn vor Steuern	Fr. 87 500.–
• Ertragssteuer (28% vom Reingewinn vor Steuern)	– 24 500.–
• Kapitalsteuer (5‰ von Fr. 300 000.–)	– 1 500.–
• Verbleibender Reingewinn	Fr. 61 500.–
• Kapital	Fr. 300 000.–

---

[1] Der nominale Steuersatz auf dem Gewinn beträgt zwar, je nach Sitzkanton, meist auch etwa 40% (Kt. Zug z. B. aber nur rund 21%!). Da die Steuern aber bei der direkten Bundessteuer und in den meisten Kantonen als Aufwand den Gewinn schmälern, beträgt der wirkliche Satz nur rund 28% gemäss der folgenden Berechnung: $40\% \times 100 : 140 = 28,6\%$ (Kt. Zug: $21\% \times 100 : 121 = 17\%$!).

[2] Fr. 250 000.– abzüglich Fr. 48 000.– (6% Eigenkapitalzins von Fr. 800 000.–)

130

2. Beteiligter
- Gehalt   Fr. 125 000.–
- AHV-Beiträge Arbeitnehmer auf dem Gehalt 6%   –   7 500.–
- Darlehenszins   +   30 000.–
- Einkommen netto   Fr. 147 500.–

- Grundkapital der Gesellschaft   Fr. 300 000.–
- Darlehen an Gesellschaft   +   500 000.–
- Vermögen   Fr. 800 000.–

Steuerbelastung im Falle der Einzelfirma

1. Steuern auf Einkommen
- AHV-Beiträge auf Einkommen   Fr.   20 200.–
- 35% direkte Steuern von Fr. 229 800.–   +   80 430.–
- Total Steuern auf Einkommen   Fr. 100 630.–

2. Steuern auf Vermögen
- 6‰ von Fr. 800 000.–   Fr.   4 800.–

3. Total Steuerbelastung Einzelfirmeninhaber   Fr. 105 430.–

Steuerbelastung im Falle der Kapitalgesellschaft (AG/GmbH)

1. Steuern der Gesellschaft
- AHV-Beiträge Arbeitgeber   Fr.   7 500.–
- Gewinnsteuer   +   24 500.–
- Kapitalsteuer   +   1 500.–
- Total Steuern der Gesellschaft   Fr.   33 500.–

2. Steuern des Beteiligten
- AHV-Beiträge Arbeitnehmer   Fr.   7 500.–
- Steuern auf dem Einkommen (30% von Fr. 147 500.–) +   44 250.–
- Vermögenssteuer (6‰ von Fr. 800 000.–)   +   4 800.–
- Total Steuern des Beteiligten   Fr.   56 550.–

3. Total Steuern Gesellschaft und Beteiligter (ohne Dividende)
- Total Steuern der Gesellschaft   Fr.   33 500.–
- Total Steuern des Beteiligten   +   56 550.–
- Total Steuern zusammen   Fr.   90 050.–

4. Total Steuern Gesellschaft und Beteiligter (mit Dividende)
Würde der ganze Gewinn der Gesellschaft ausgeschüttet, so hätte
der Beteiligte zusätzlich an Einkommenssteuern zu bezahlen:
- Einkommen (ohne Dividende)   Fr. 147 500.–
- Dividende   +   61 500.–
- Total Einkommen   Fr. 209 000.–

- Steuern auf Einkommen mit Dividende (35%)   Fr.   73 150.–
- Steuern auf Einkommen ohne Dividende   –   44 250.–
- Steuer auf der Dividende   Fr.   28 900.–

Die gesamte Belastung von Gesellschaft und Beteiligtem beträgt nun:
- ohne Dividendenausschüttung   Fr.   90 050.–
- Steuer auf der Dividende   +   28 900.–
- mit Dividendenausschüttung   Fr. 118 950.–

Zusammenfassung

1. Steuerbelastung im Falle der Einzelfirma   Fr. 105 430.–

2. Steuerbelastung im Falle der Kapitalgesellschaft (AG / GmbH)
- ohne Dividendenausschüttung   Fr.   90 050.–
- mit Dividendenausschüttung   Fr. 118 950.–

Allfällige Kinderzulagenansprüche wären im Falle der Kapitalgesellschaft noch von der Steuerbelastung abzuziehen (= Nettobetrag).

Schlussfolgerungen

Die Form der Kapitalgesellschaft ist steuerlich interessant,
- wenn keine Ausschüttungen vorgenommen werden,
- wenn die Progression durch Aufteilung des Unternehmensgewinnes auf Gesellschaft und Beteiligte gebrochen werden kann, da die Belastung durch die Sozialversicherungsbeiträge wesentlich tiefer ist und die zurückbehaltenen Gewinne möglicherweise bei einem Verkauf der Gesellschaft als steuerfreier Kapitalgewinn realisiert werden können,
- wenn durch Kinderzulagenansprüche die Belastung vermindert werden kann.

Es muss aber davor gewarnt werden, aus den vorstehenden Zahlen zu schliessen, die Kapitalgesellschaft sei aus steuerlicher Sicht in jedem Fall günstiger und deshalb vorzuziehen. Dies sei an einigen Punkten aufgezeigt:
- Wenn der Gewinn gering ist und nur den Lebensaufwand des Inhabers decken kann, ist keine Aufteilung und Progressionsbrechung möglich.
- Weisen die Aktien oder Stammanteile durch zurückbehaltene Gewinne hohe Werte auf, so ist es kaum möglich, dass sich junge Mitarbeiter ohne eigenes Vermögen an der Gesellschaft beteiligen können.
- Aufgrund der Bundesgerichtspraxis über die sogenannte Teilliquidation ist nicht ohne weiteres sichergestellt, dass die in der Gesellschaft zurückbehaltenen Gewinne bei einem späteren Verkauf tatsächlich steuerfrei realisiert werden können.

Quelle: leicht abgeänderte Fassung aus Visura-Mitteilungen 3/1994, Zeitschrift der Visura-Treuhandgesellschaft

5.17 Checkliste für den Einsatz von Beratern

Der weitsichtige Unternehmer kommt nicht darum herum, von Beginn der selbständigen Tätigkeit an einen universellen Gesprächspartner beizuziehen. Dieser soll ihn z. B. bei folgenden Problemen kompetent beraten können:
• Vor- und Nachteile als Unternehmer
• Wahl der richtigen Rechtsform
• Geschäftsgründung und/oder Firmenübernahme
• Beschaffung der finanziellen Mittel
• Budget
• Buchhaltung und Organisation (inkl. MWSt.-Abrechnung)
• AHV, Versicherungen und Vorsorgeschutz
• Steuerplanung
• usw.

Für den Beruf des Beraters gibt es keine geschützte Bezeichnung. Am besten geeignet sind erfahrene Treuhänder und Unternehmensberater. Diese können bei Bedarf weitere Berater beiziehen (z. B. Vorsorgeexperten, Marketing- und Werbeberater, Wirtschaftsanwälte, Personalberater usw.).

Die Vorteile externer Beratung sind:
• Spezialkenntnisse, Know-how, über welches der Unternehmer nicht selber verfügt.
• Erfahrung und Vergleichsmöglichkeiten mit ähnlich gelagerten «Fällen».
• Neutralität und Unvoreingenommenheit.
• Kostenfolgen nur dann, wenn der Berater effektiv beansprucht wird.
• Auftragsverhältnis zwischen Kunde und Berater kann gemäss Schweizerischem Obligationenrecht beiderseits, formlos und

134

grundsätzlich jederzeit durch einfache Erklärung an die Gegen-
partei beendet werden.

Wie wählt der künftige Unternehmer nun den richtigen Berater
aus?
Der Unternehmer stellt sich die folgenden Fragen bzw. beherzigt
die nachstehenden Tips:

• Verfügt der Berater über die notwendige Ausbildung, Erfahrung
  und Kapazität?
• Steht der Berater auch nach der Startphase mit massgeschnei-
  derten Dienstleistungen zur Verfügung?
• Referenzen einholen! Die besten Referenzen sind Empfehlungen
  zufriedener Kunden.
• Engagiert sich der Berater? Stellt er Fragen und ist er interessiert
  an den Ideen und Problemen des Ratsuchenden?
• Ist der Berater bereit, den ungefähren Honorarrahmen festzule-
  gen? Der Aufwand für die Beratung lässt sich meistens in etwa
  berechnen. Fix- und Pauschalhonorare sind jedoch zu vermei-
  den. Dies verleitet den Berater dazu, den Auftrag mit möglichst
  wenig Aufwand auszuführen.
• Seien Sie grosszügig mit Informationen. Geben Sie Ihre Ziele
  und Vorstellungen bekannt. Seien Sie offen für neue Ideen und
  Vorschläge. Dies bietet die beste Gewähr für eine optimale Beratung.
• Wichtig: Nicht die Höhe des Honorars ist entscheidend, sondern
  das Verhältnis zwischen Kosten und Leistung: Gute Beratung hat
  ihren Preis, schlechte Beratung ist immer zu teuer.

5.18 Literaturverzeichnis und -tips

Fachbücher

- Beeler A., Meine Steuererklärung 1997/98, Cosmos Verlag AG, Muri/Bern
- Brupbacher E., Die GmbH als Alternative zur AG, Verlag Organisator AG, Zürich
- Bünzli K., Zur Kasse, bitte!, Verlag SKV, Zürich
- Cincera E. et al., ABC für Leute, die etwas unternehmen wollen, Stiftung KMU Schweiz, Eigenverlag, Bern
- Credit Suisse, diverse Handbücher und Leitfäden für Unternehmensgründer, Credit Suisse, Eigenverlag, Zürich
- Forstmoser P. et al., Schweizerisches Aktienrecht, Verlag Stämpfli+Cie AG, Bern
- Handschin L., Die GmbH, Schulthess Polygraphischer Verlag, Zürich
- Hubacher E. et al., Der Sprung in die Selbständigkeit, Cosmos Verlag AG, Muri/Bern
- Kümin K., Die Einmann-AG, Weka-Verlag AG, Zürich
- Meier R., Die Aktiengesellschaft, Schulthess Polygraphischer Verlag, Zürich
- Portmann R., Die Wahl der Rechtsform als betriebswirtschaftliches Problem für Klein- und Mittelbetriebe, Verlag Hans Schellenberg, Winterthur
- Rentenanstalt, Der Start zum eigenen Geschäft, Eigenverlag, Zürich
- Rüegsegger O., Die zweckmässige Firmenform in der Wirtschaftspraxis, Cosmos Verlag AG, Muri/Bern
- Salzmann W., Formen und Normen, Vor- und Nachteile einzelner Rechtsformen der Unternehmung, Visura-Treuhandgesellschaft, Eigenverlag, Solothurn
- UBS Schweizerische Bankgesellschaft, Gründung und Besteuerung von Gesellschaften in der Schweiz, SBG-Schriften zu Wirtschafts-, Bank- und Währungsfragen Nr. 110, UBS Schweizerische Bankgesellschaft, Eigenverlag, Zürich
- Winistörfer N., Ich mache mich selbständig, Beobachter-Buchverlag, Zürich

Fachzeitschriften

- BetriebsFührung (vormals ChefMagazin), Magazin für Klein- und Mittelbetriebe, Schweizerisches Institut für Unternehmerschulung im Gewerbe SIU, Bern
- BILANZ, Das Schweizer Wirtschafts-Magazin, WM Wirtschafts-Medien AG, Zürich
- BOOM, Das Magazin für den unternehmerischen Erfolg, Verlag BOOM AG, Zürich
- CASH, Die Wirtschaftszeitung der Schweiz, Verlag CASH, Zürich
- HandelsZeitung, Schweizer Wochenblatt für Wirtschaft, Handelszeitung und Finanzrundschau AG, Zürich
- SHAB, Schweizerisches Handelsamtsblatt, Eigenverlag, Bern